SOMA SAITO

本にまつわるエトセトラ

PHOTO BOOK

この本は、読書家である声優・斉藤壮馬さんの『声優MEN vol.7～12』の連載を中心にまとめ、
さらに単行本オリジナルの撮り下ろし&インタビューなども収録した一冊です。
すべて未公開写真、インタビューは連載時には載せられなかった内容も含めた完全版として、
様々なテーマで本のお話を語っていただきました。

独自の読書体験を通じて、考えたこと、考えてきたこと、そして声優だからこその発想や「言葉」への思い。
ユーモアと鋭い視点を織り交ぜて斉藤さんが語る本書が、ブックガイドとなり、あなたの心の本棚に残ることを願って。

では、斉藤壮馬さんと一緒に本の世界へ。

SOMA SAITO

本にまつわるエトセトラ

PHOTO BOOK

CONTENTS

画座 ギンレイ
銀鈴会館
正栄地所株式会社
犬ヶ島
11:45 16:10 20:25
上映中

特別編

恋の発見

犬ヶ島
Isle
Dogs
11:45
16:10
20:25
名画座
ギンレイホールの
年間パスは
いかがですか

wonder
さよなら、僕のマンハッタン
30年後の同窓会
LAST FLAG FLYING
近日上映

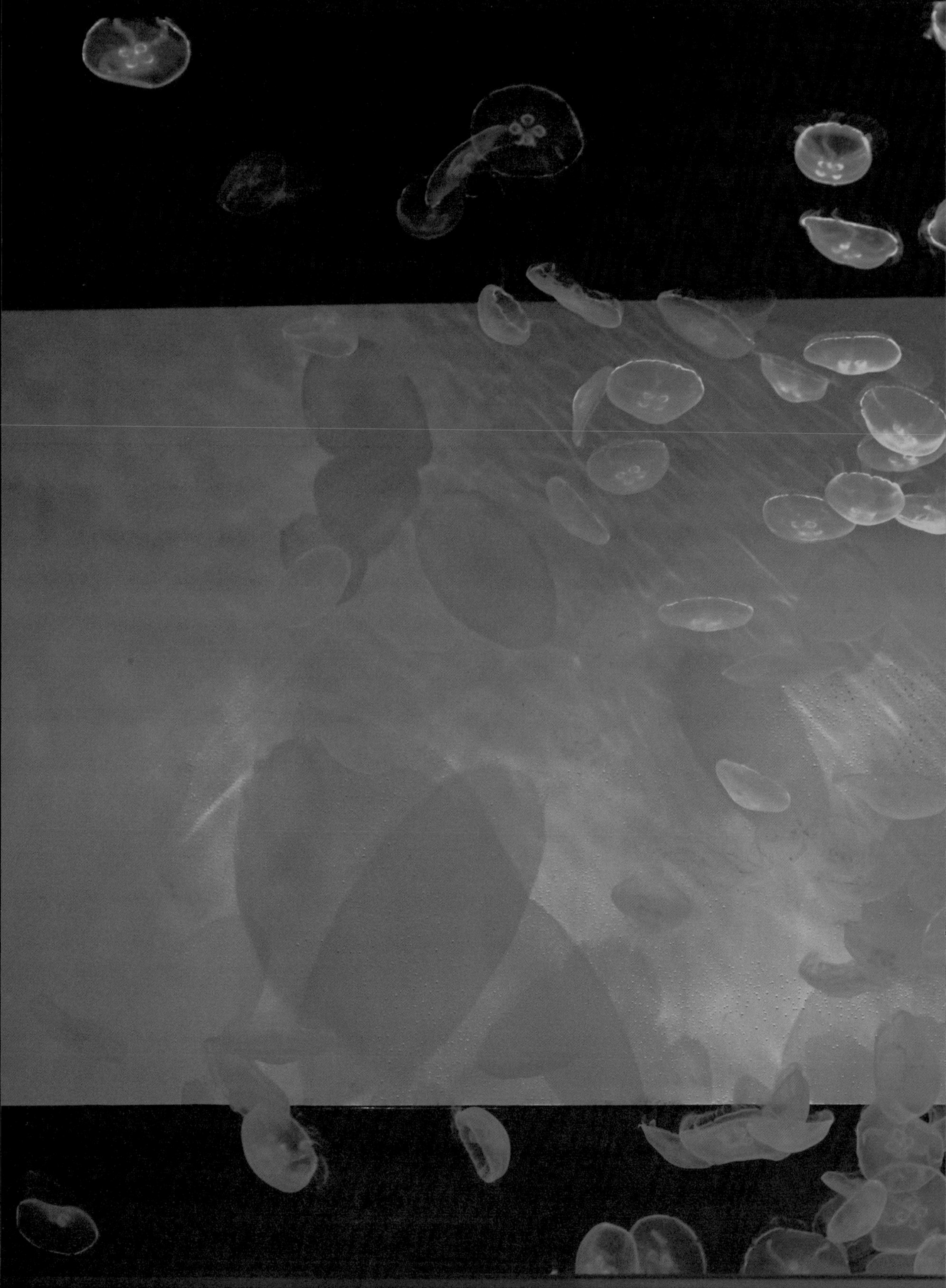

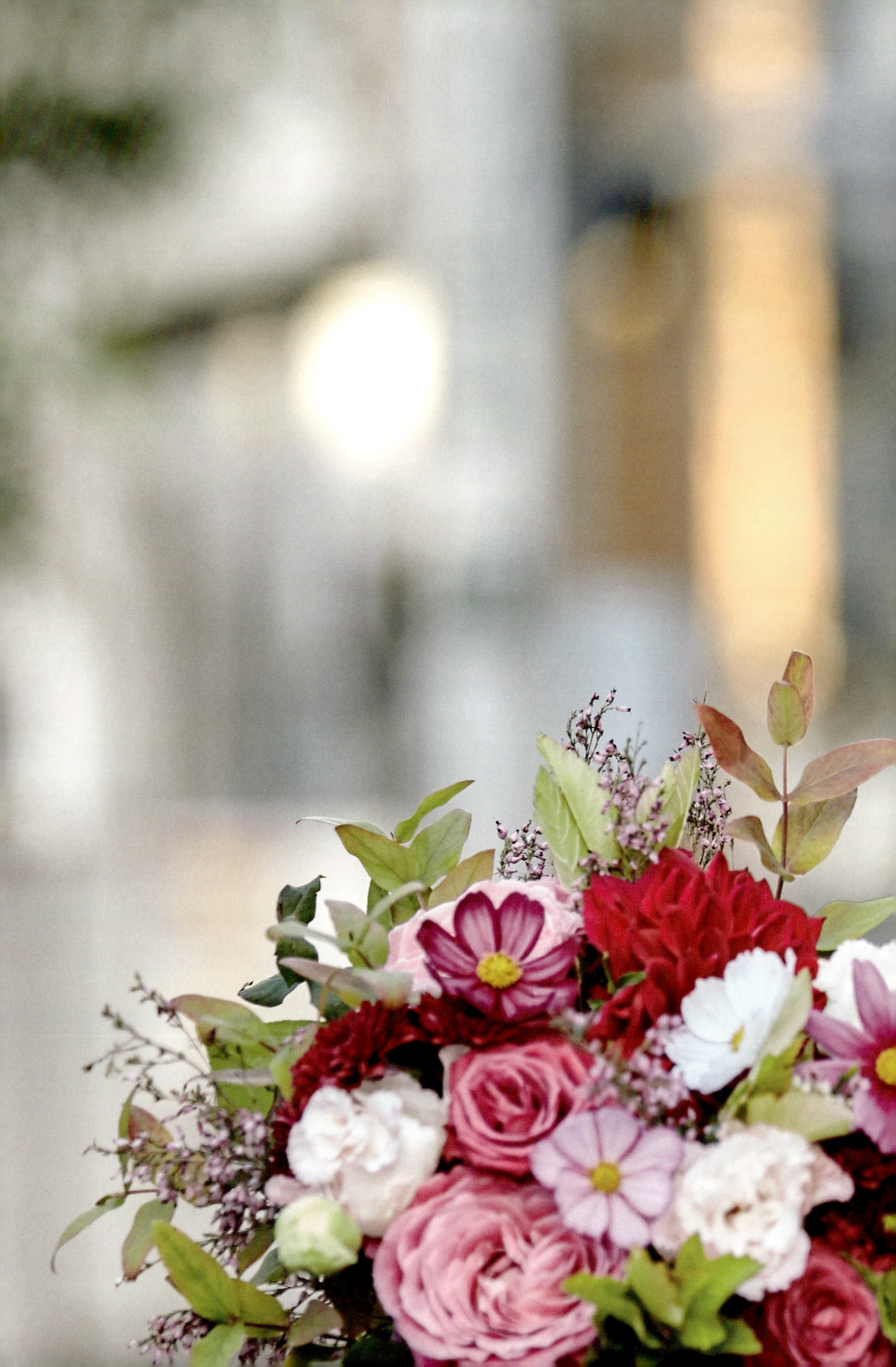

特別編

恋の発見

撮り下ろしの特別編では「恋の発見」をテーマに、デートのような雰囲気で、町に飛び出してのフォト撮影。斉藤さんらしい切り口で、恋の数歩手前の感情を味わえる作品や、ビタースイートな作品などについて語っていただきました。

恋とは呼べないかもしれない5冊

――単行本収録の特別テーマは「恋の発見」です。初の恋愛ジャンルになりますね。

「テーマが恋愛と知って初めて気が付いたんですけど、実は恋愛モノってそれほど読んできていないんです。ラブコメはよく読むんですが、ド直球の恋愛作品というのは通っていないので、経験値は少なめです。ただ〝恋の発見〟という切り口であれば色々あるなと思い、直球以外も含んだ5冊を選びました。どの作品も〝私はいま、恋をしています！〟と高らかにうたうというよりも〝恋かどうかはわからないが、他者と深く心を通わせた瞬間〟を描いたラインナップになりました」

――ではさっそく一冊目から。まずは原秀則さんのマンガ『部屋《うち》においでよ』から伺っていきます。連載開始は1990年と斉藤さんが生まれる直前に始まった作品ですね。

「これはつい最近読みました。たまたま雑誌で『ツルモク独身寮』（窪之内英策）が紹介されていて、試しに読んでみたらすごく面白くて、その流れで原秀則先生の作品群を知ったんです。前々から薄々は感じていたんですけど、僕は90年前後の時代感が好きなことが確定しました（笑）。自分が生まれるか生まれないかという時代で、肌で体験してはいないはずなんですけど、どういうわけかノスタルジーを感じるんです（笑）」

――この時代のどんなところが好きなんですか。

「まず〝ケータイ以前・以後〟でいえば、断然〝ケータイ以前〟のドラマ展開が好きなんです。ベタですが、連絡手段が限られていることから生まれるすれ違いの切なさとか、いいですよね。それともうひとつは、この時代の作品で描かれている大学生って特有の雰囲気がありますよね。付き合っているわけでもないのに相手の家に転がり込んだり、別れたわけでもないのにふらっと出ていったりとか。同居と同棲と交際の境が曖昧だし、恋愛の感覚もかなりカジュアル。それでいて裏で人知れず苦悩していたり。それまでの恋愛観やカップルの在り方にとらわれない感じが好きなのかもしれません」

――大学生のミキオと社会人の文《あや》による恋愛ストーリーです。

「ヒロインの文さんがすごく魅力的なんですよ。これは僕個人の好みの話なんですけど、品行方正でヒロイン然としている女性よりも、文さんのように自立心が旺盛で、ともすれば主人公を置いていくくらいのヒロインのほうが好きなんです」

――それは昔から変わらずに？

「いえ、子どもの頃は『名探偵コナン』（青山剛昌）の灰原哀や『鋼の錬金術師』（荒川弘）のリザ・ホークアイといったクールビューティなヒロインが好きでした。それはそれでいまも好きなんですが、最近は生のエネルギーに溢れたパワフルなタイプもいいなと思うようになってきました」

――その文ですが、序盤こそ年上の余裕を見せるものの、途中からは取り乱すシーンも増えるなど、ギャップも新鮮でした。

「ミキオくんがかなりの身勝手なんですよね。夢を追いかける大学生なんて人間的にはまだまだ未熟だと思うので、ある意味ではすごくリアルだとも思うんですが、それにしても文さんがかわいそうだと思い〝もっといい男がいるよ！〟と励ましながら読んでいました（笑）。

ただ、そんなほろ苦さや切なさが青春の輝きでもあるわけで、この作品はそこに生まれる一瞬のドラマを見事に切り取っているんです。そんなビターな読後感にも関わらずノスタルジーを感じてしまうのは、もしかするとこれが僕が思い描いていた憧れの大学生活だったからかもしれませんね」

気持ちを枠に当てはめない

――続いては谷川史子さんの『清々《さやさや》と』。こちらもマンガ作品です。

「女子高生の清《さや》が、副担任の本八幡のことを意識していく物語ですが、こちらはとにかく読後感が爽やかです。谷川先生の作品って悪い人が出てこないので、心が落ち着くんですよね。中島らもさんがよく使われていた表現を借りると、まさに〝滋味《じみ》がある〟作品で優しくて温かい感情が心の中にじんわりと染み渡っていくような感覚が味わえます」

――先ほどの『部屋においでよ』とは、ラストシーンも含めて読み味が真逆に近いですね。

「そうですね。10代の頃はひねくれていたので、こういうピュアで爽やかな作品はむしろ避けて通ってきたのですが、最近は素直にいいなと思えるよう

恋の発見

になりました。特にこの作品が素晴らしいと感じるのは、清が先生に抱いている感情が恋なのか憧れなのか尊敬なのか、そこを明確には言及しないところにあると思う。その気持ちが何なのかをはっきりさせることは簡単かもしれませんが、作品を通じて、その気持ちをじっくりと育てるように丁寧に描いているんです。大人になればなるほど、自分の気持ちを何かに当てはめて考えようとしますが、あえて気持ちを整理しないで向き合ってみるのも大切なことかもしれないと感じます。特に役者の仕事というのはキャラクターの感情をマイクやカメラの前で再構築していく必要があるので、ともすれば無意識のうちに記号化された感情のパターンに手を出す危険があります。だから、この作品を読むと、あえて言葉にはせずにいま感じている何かに従ってみることも、心を豊かにするうえでは大切なことなんだなと再認識できるんです」

――お芝居にまで通じるものがあるんですね。

「ええ。これは谷川先生の作品には総じて言えることだと思いますけど、想いに対して明確な言葉は与えず、その前後の想いを丁寧にすくい取るのが本当にお上手だと思います。あと絵柄もめちゃめちゃ素敵です。特にキャラクターが照れたり動揺したときの表情はかなりかわいらしく、こちらの心根を試されているような気がします（笑）」

年上だけどかわいいツキコさん

――続いては川上弘美さんの小説『センセイの鞄』です。

「『清々と』と同じく生徒と教師の関係性を描いた物語ですが、違うのは年齢で、教え子だったツキコさんは38歳、対するセンセイはさらに30歳年上です。関係としては恋というよりも親愛や情に近いのですが、『清々と』のような瑞々しさの延長線上にあってほしい理想のストーリーだと思います」

――このふたりが特に面白いのは、基本は居酒屋に居合わせたときにだけ話をするという間柄で、距離感が絶妙なんですよね。

「お互いに大人ですし、まさに付かず離れずの関係が続くのですが、でもその感じがツキコさんにとっても心地いいんですよね。お店で会ったら楽しく会話をして、会えなかったとしてもひとりでしっぽりと飲む。毎日会う時期もあれば、何週間か会わない時期もあったりして。そこにはすれ違いを積極的に楽しむ心の余裕があり、素敵だなと思えます。これは僕もそうなのですが、現代人は少しでも暇が生まれたらスマホで情報を得たりと、いつでも何かを得ないといけないという強迫観念のような気持ちがあると思うんです。でもツキコさんは、センセイに会いたいと思ってお店に入り、結果的にはそんな会えない時間すら楽しんでいるんですよね。このご時世にあって、ツキコさんの時間の使い方はとっても贅沢だし、羨ましいなと思います」

――舞台となる居酒屋のメニューがどれもおいしそうで、その描写もポイントですよね。

「そうそう。特におでんや煮物からたちのぼる湯気やいい感じに温まった熱燗など、温料理のイメージに溢れていて冬に読むにはピッタリですし、お酒を飲む人には特にオススメしたい作品です。この作品は、いっしょにいて幸せを感じる人とおいしい料理をいただくという、日常にある究極にハッピーな雰囲気を完璧にパッケージングしていると思います。ストーリーに激しい起伏があるわけではないですけど、日常で感じる幸福感やちょっとした感情の変化、微妙な距離感がたまらないです。個人的にテイストが近いと思ったのは『河岸忘日抄』（堀江敏幸）で、こちらはパリを舞台に繋留された船に住む男の話ですけど、この作品も日々の生活描写がとても巧みでお気に入りです。こういうふうに人生を刻んでいければすごく幸せなことだろうし、憧れる部分があります」

――日常の描写が楽しい作品ですが、あえて〝恋愛〟という切り口で捉えた場合はいかがですか。

「センセイに会いたい気持ちがだんだんと募っていくツキコさんがかわいいなと（笑）。大人の女性であり、もうウブな乙女ではないという自尊心や自制心と本心の狭間で揺れ動くツキコさんは、いまの僕からすると年上の女性ですが、それでもかわいらしいなと思ってしまいますね。これから先、ツキコさんと同じ年齢になったとき、そしてセンセイと同じ年齢になったときに再読して何を感じるかというのも楽しみのひとつです」

――次の本はマイクル・コーニイの『ハローサマー、グッドバイ』です。

これは青春SFの傑作として有名な作品ですね。

「青春や恋愛要素も強いんですが、軸足はしっかりとSFに置いてあって、そこが傑作と呼ばれる所以ですね。すごいと感じたのはヒロインのキャラクター性にあります。この作品に登場するブラウンアイズというヒロインは現代のアニメやマンガに匹敵するほどの強烈なキャラクター性を持っています。日本の神話や民話などにも出てきそうな、神性と魔性が同居した二面性のあるヒロインで、キャラクター小説としてグイグイ読めるほどです。主人

恋の発見

公のドローヴ少年は、そんな彼女のことが気になって仕方がないのですが、当たり前です。僕が初めて読んだのは高校生のときですが、もし同級生にブラウンアイズのような子がいたら気にせずにはいられないと思っていましたから（笑）」

――光と影の二面性を持ったヒロインは、好きなタイプなんですね。

「おそらくは好きになるよりも警戒心が勝ると思います。この人は絶対人生2周目だろうと（笑）。でも大人になったいまなら、素直にかわいいと思える部分もありますね」

――ブラウンアイズは確かに謎めいたヒロインですが、作中で描かれる恋愛としては王道の純愛ですよね。

「青春街道まっしぐらっていうくらいにストレートなラブストーリーです。初めて読んだ際は、なんでこんなに俺を振り回すんだと思ったものですけど、いまの高校生が読んでブラウンアイズをどう思うのか、すごく興味があります。それと個人的にはこの題名がすごく好きで特にストーリーとの関係を考えると、ここまでよくできたタイトルってなかなかないですよね。可能ならいつか自分もこのタイトルで物語を一編書いてみたいと思うほどです」

――異星を舞台としたストーリーらしく、作中で使用されるオリジナル用語も特徴的です。

「作中では〝フリージング〟という用語が至るところでFワード的に使われていて、僕も高校生のときには影響されて随分と真似していました（笑）」

――キャラクターとしては、主人公は内向的ですが知性に優れ、ライバルは権力を振りかざすエリート、ヒロインは神秘的と、40年以上前の作品ながらもほぼ鉄板の配置ですね。

「情報量が多く文体も独特なので、普段SFを読まない人には少し敷居が高いかもしれないんですが、こういう作品こそアニメ化したら絶対に売れると思うんですよね。夏と青春とSFの組み合わせってみんな大好きじゃないですか。これが偉い人の目に留まって奇跡的に動かないかな、と。説得力のある企画書を出しますし、なんなら出資も厭いません」

衝撃を受けた中島らも作品

――（笑）。最後は中島らもさんの『愛をひっかけるための釘』です。これはエッセイ集ですね。

「収録されているエッセイは恋愛に限らず幅広いテーマで書かれていますが、僕が特に好きなのが『サヨナラにサヨナラ』という有名な一編。宇宙の広大さや時間、光について語った後のシメのひと段落。それは『人間の実相は刻々と変わっていく。（中略）二本の腕はそのためにあるのであって、決して遠くからサヨナラの手をふるためにあるのではない。』という文章ですが、光について語っていたと思ったら、最後には愛を語っているやり口もそうですが、何より誰もが心の奥底に備えているであろう感覚を、ここまでシンプルな言葉を使ってポエジーに表現できるのって、やっぱりすごいなと思います。言語を操る技術ももちろんですが、らもさんの人間力に依るところも大きいですね」

――このエッセイ集からは、喜怒哀楽の枠には収まらないほどの幅広い感情が、中島らもさんならではの洗練された表現によって鮮明に伝わってきますね。

「そうなんですよね。特にこの本はわりとエモい、ポエティックな文章が多いような気がします。特に子ども時代の思い出を語るときのらもさんはペーソスが強まるような気がして、色々なことが想像できるのも好きです。らもさんの文章は基本的に愛と笑いを大事にしているんですが、同時に悲しみも背中合わせになっていて、物悲しい夜にはそれが心に静かに染みていく感じがするんです」

――短いのもいいですよね。

「どのエッセイも数分で読める長さのものばかりなので、普段エッセイを読まないという人にもぜひ体験してもらいたいです。毎日寝る前に一編ずつ読むだけで、もしかしたら少しだけ世界に対してポジティブになれるかもしれません」

――斉藤さんもエッセイを書かれていますが、文体や切り口など、中島さんの作品に影響を受けたりもしていますか。

「もちろんです。自分でエッセイを書くうえで影響を受けた人を3人挙げろといわれたら、中島らもさん、筒井康隆さん、大槻ケンヂさんの3人だと思います。僕が中島らも作品と出会ったのは中学1年生のときで、それまで割と勧善懲悪な優等生的な物語しか読んでこなかった僕は、僕らの日々は、こんなにもグロテスクで、赤裸々で、醜くて、でも同時に美しくて、優しくて、愛おしいものなんだ、と衝撃を受けました。目の前に新しい世界が一気に広がった感覚があって。だから、らもさんの作品に触れるといまでもその衝撃や感覚が鮮明に蘇ってくるんですよ。僕にとって中島らもさんは、そういう存在なんです。ある意味、そんな世界に恋をしているのかもしれませんね」

SOMA's recommended

5 books

恋の発見

Shooting Episode

すみだ水族館、スカイツリー周辺、神保町、神楽坂とデートをイメージして巡りました。どの街の雰囲気も大好きなのですが、スカイツリー周辺だけはこれまであまり行ったことがなかったので、谷根千も含めてこれから開拓したいスポットですね。

『センセイの鞄』
川上弘美（文春文庫 刊）

高校時代の恩師と偶然に再会したことをきっかけに、徐々に開花していくツキコの恋心を描いた純愛物語。谷崎潤一郎賞受賞作品で、実写ドラマや舞台化、マンガ化もされた著者の代表作。

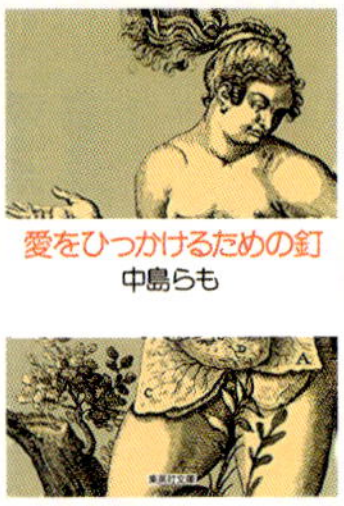

『愛をひっかけるための釘』
中島らも（集英社文庫 刊）

中島らものエッセイ集。少年期の初恋について語った「よこしまな初恋」や、理不尽な大人への怒りを綴った「怒る子は育つ」など、切なさとユーモアに溢れ、らも節が胸に染みる全49編。

『ハローサマー、グッドバイ』
マイクル・コーニイ著
山岸 真訳（河出文庫 刊）

夏休暇を過ごすために訪れた港町で再会を果たす少年と少女。しのび寄る戦争と寒波の影から逃れるように互いを求め合う、SF史上屈指の呼び声も高い青春恋愛小説。

『清々と《さやさや》』
谷川史子（ヤングキングコミックス 刊）
（全4巻）
©谷川史子／少年画報社

教師の本八幡に淡い気持ちを抱く女子高生の清を中心にした群像青春劇。恋愛に至る前のピュアで朴訥とした乙女心の萌芽が丁寧に描かれており、思わず心が洗われる。

『部屋《うち》においでよ』
原 秀則（ヤングサンデーコミックス 刊）
（全7巻）

大学生でカメラマン志望のミキオとOLの文が織りなす恋物語。90年代初頭ならではのトレンディドラマっぽさやビターな結末で、いまでも不朽の名作としてファンが多い作品。TVドラマ化も。

第1回

夏への扉

ムーン・パレス
P・オースター
新潮文庫

第1回

夏への扉

「夏への扉」というテーマは、ロバート・A・ハインラインのSFの名著から。同作に登場する猫のピートは、明るく楽しい「夏」に繋がる扉を探しています。終わってしまう夏の切なさ、これからやってくる夏への憧憬。ある特別な季節としての「夏」。斉藤さんの「夏」を感じる本はどんな本でしょうか。

夏本の選考基準は〝エモさ〟

——お題は〝夏に読みたい本〟ですが、どのような基準でセレクトされましたか。

「夏といえばエモーショナルな季節だと思うので、僕の中でのキーワードは〝エモい本〟です。子どもの頃って、この夏の一日が永遠に繰り返されるんじゃないか、と錯覚することがあるじゃないですか」

——ありますね。特に夏休みなんかはそう思っちゃいます。

「小説やマンガって、前後の文脈から切り取られる形である瞬間を閉じ込めているので、そういう意味ではとてもクローズドな媒体だと思うんですよ。でも裏を返せばその中で世界は無限に広がっていて、しかも何度でも繰り返す。そんな閉ざされた感じと永遠に繰り返すイメージって、終わらない夏の一日という雰囲気にしっくり合うと思うんです」

——なるほど。夏のエモさには、それと同時に〝永遠の思い出〟という、少しだけ物悲しいイメージもあるんですね。

「そうですね。なので、今回挙げた5冊の本にはどれも夏らしいエモさだけではなく、同時に寂しさや儚さも感じられるラインナップになっていると思います」

哲学的意味はありますか

——ではさっそく紹介していきましょう。まずは米澤穂信さんの『さよなら妖精』からお願いします。

「アニメファンには『氷菓』でもお馴染みの、いまや映像化したいNo.1作家さんですよね。『哲学的意味はありますか?』というのがヒロインの口癖で煽り文でもあるのですが、そこにすべてが込められているような気がします。異国から来た少女とのボーイミーツガール、川のある町、魅力的な同級生たちと、米澤さんらしいエッセンスが詰まっていると思います。最初に読んだのは中学生か高校生の頃で、夢中になった先でラストを迎えたときには、これはいったいどう解釈したらいいんだろうかという気持ちになり、それからはもう折に触れては読み返しています。ひと夏のお話なので、特に夏が巡ってくるとすごく読みたくなりますね」

――季節感は大事ですよね。

「そうですね。僕は割と季節に合わせて本を選ぶタイプです」

――登場人物のひとりである太刀洗《たちあらい》万智《まち》はその後の米澤作品にも主人公として登場しています。

「クールでとても魅力的なキャラクターですね。アニメになったらCVは誰がいいだろうって、よくひとりで妄想しています（笑）。あと個人的にはタイトルもとても好きなんですよね。〝さようなら妖精〟と〝さよなら妖精〟ではニュアンスが全然変わってくるじゃないですか。そこに引き算の美学を感じますね」

――続く2冊目はポール・オースターの『ムーン・パレス』です。

「この作品はオースターの作品でいちばん好きです。〝それは人類がはじめて月を歩いた夏だった〟で始まる書き出しは控えめにいって最高ですし、柴田元幸さんの訳がまた素晴らしいんです。ちなみにですが、書き出しが好きな作品はいくつかあります。以前もご紹介しましたが、真っ先に思い浮かぶのは『愛は祈りだ。僕は祈る。』で始まる舞城王太郎さんの『好き好き大好き超愛してる。』ですね。すみません、話を戻しますが、『ムーン・パレス』はいわゆる主人公のルーツ探しで、展開は驚きの連続なんですが、実は冒頭のパラグラフで全部ネタバレしているという変な構成なんですよ。それでも読み進めているうちにそれを忘れてハラハラドキドキしてしまう、ものすごく上手い語り口だと思います。ちょっと長めではありますが、絶対に読んでほしい一冊ですね」

――主人公のフォッグは、かなりの〝こじらせ系青年〟ですよね。

「おこがましいとは思いますが、僕が高校生のときに書いていた小説の主人公によく似ているんです。僕も相当こじらせていたんでしょう（笑）。最近読み返したら〝こいつ、ヤバい奴だ〟と思い知りました。それでも決して色褪せないですし、面白いですけどね」

――次はマンガで、町田洋さんの『夜とコンクリート』です。

夏への扉

「これはジャケ買いして大当たりだった作品です。市川春子さんや高野文子さん、近藤聡乃さんなどと同じく、引き算の美学を感じる作風で、たとえばアイスを食べているコマがあって、その次のコマではアイスがなくなっているとか、そういうコマとコマの間に行間を感じさせてくれる演出が多いんですが、それを無理せず等身大の感覚で描いているのが素敵で、とにかく空気感が好きですね。収録されている一編に『夏休みの町』という作品があり、それがまさに時間と空間が閉ざされた夏を描いていて、僕が夏に抱くイメージにピッタリと合うんです。そういう子ども時代のイノセンスさを上手くマンガに落とし込んでいるのが素敵です。同じく町田先生の『惑星9の休日』にも同じような空気が閉じ込められていて、本棚にこれらのマンガがある人とは、無条件で仲良くなれそうな気がしちゃいますね（笑）」

本と同じコースをハイキング

――4冊目は古川日出男さんの『サマーバケーションEP』です。

「神田川沿いをひたすら海に向かって歩いていくお話なんですが、その着想と大胆な文体だけでもう大勝利確定っていう作品ですね。この本に影響されて、大学時代は友達といっしょに作中と同じルートを実際に歩いたことが何回もあります」

――おっしゃる通り、文体はかなりトリッキーで度肝を抜かれますね。

「そうですよね。僕も最初に読んだときには〝なんだこれ？〟って思いました。先ほど挙げたポール・オースターは長めの海外小説ですが、本を読み慣れていない方でも読み進めることはできると思うんです。でもこの作品の文章は、かなり読書をする方でも最初は面食らいますよね。文体そのものは『アルジャーノンに花束を』（ダニエル・キイス）へのオマージュが見え隠れしつつ、とはいえ、意味のわからない文章を読む訓練なんて誰もしたことがないですからね（笑）。それでもいつの間にかそれに強力に引っ張られていった自分がいますから、そういう意味でも改めて文体の力を感じる名作だなと思いますね。それと個人的には、タイトルもとびきり秀逸だと思っています。〝サマーバケーション〟というパワーワードに、さらに〝EP〟を加えるなんて、そんなのありかと。古川さんは他にも『ベルカ、吠えないのか?』など、ビビるくらいに強烈にカッコいいタイトルを付けますよね」

――では最後は京極夏彦さんの『姑獲鳥の夏』ですね。

「京極さんの本はそれこそ中学1年生の夏に初めて出会って、夢中になりました。京極堂にはとても憧れましたね。うだるような暑さの中で展開されていく物語と、個性豊かなキャラクターたち。特に榎木津というエキセントリックな探偵がものすごく好きです。シリーズでは、初期だと様々なメディア展開もされた『魍魎の匣』がやはり完成度は高いんですけど、シリーズ1作目のこちらにより夏っぽさを感じるので選ばせていただきました。だいぶ長いこと読んでいないので、久々に読み返したいなぁ。この本のことを考えると、実家で過ごしていた〝あの夏〟を思い出してきゅんとします(笑)。全然夏っぽさはありませんが、この時期には安部公房さんなどにも出会ったので、そういう雰囲気を持った小説が好きな時代だったのかもしれません」

――これで5冊が出揃いましたが、夏にピッタリな本はまだまだありそうですね。

「たくさんありますよ。どうやって思いついたんだろうと思う『夜市』(恒川光太郎)もいいですし、『イリヤの空、UFOの夏』(秋山瑞人)もオススメです。舞城王太郎さん、町田康さんと並ぶ饒舌文体が楽しめます。他にもたくさんあって、ここではとても語り切れないですね」

――なるほど。では改めて今回選出した5冊を振り返ってみて、いかがですか。

「個人的に僕がいちばん本を読みたくなるのって、読書の秋ではなくて夏なんですよね。なぜなら、暑すぎるためにほとんど外出しないからです(笑)。なので、クーラーの効いた部屋で本を読みながら過ごすのが僕の夏の定番の過ごし方なんです。今回挙げた5冊も、思い返してみるとすべて10代の頃に出会った作品ばかりなんですよね。ですので、まだまだ感性の柔らかい若い方々にできるだけ早く触れていただいて、感想などを教えてもらえたら、僕としてはこんなに嬉しいことはないですね」

SOMA's recommended

5 books

夏への扉

『夜とコンクリート』
町田 洋（祥伝社 刊）

第17回文化庁メディア芸術祭マンガ部門新人賞を受賞した『夏休みの町』を収録した著者の初期作品集。日常と非日常が入り混じる不思議な世界を穏やかな描線で表現している。

『さよなら妖精』
米澤穂信（創元推理文庫 刊）

4人の高校生と留学生の少女・マーヤのひと夏の交流を描いた青春ミステリー。著者はアニメ化もされた『氷菓』で知られる米澤穂信で、作家自身の真骨頂である"日常の謎"も満載。

『ムーン・パレス』
ポール・オースター著
柴田元幸訳（新潮文庫 刊）

唯一の血縁だった伯父を失い、途方にくれる青年。厭世と絶望の果てに待っていたものとは…？ 現代アメリカ文学の旗手が贈る傑作青春小説で、柴田元幸による名翻訳も光る。

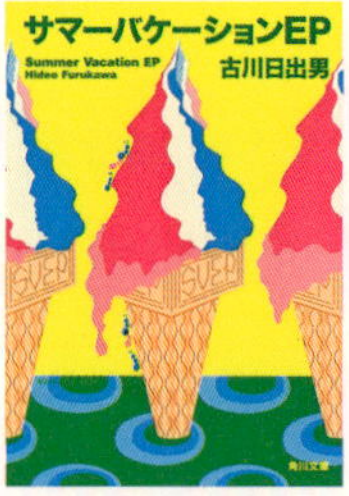

『サマーバケーションEP』
古川日出男（角川文庫 刊）

集団生活が苦手な「僕」が、偶然出会った人とともに、神田川沿いをひたすら河口に向かって歩き続ける物語。冒険譚であり、青春小説でもある、これぞオンリーワンな読み味。

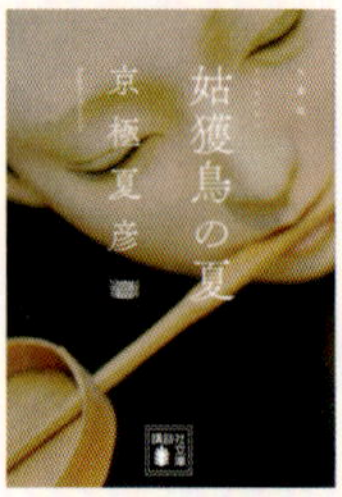

『姑獲鳥の夏』
京極夏彦（講談社文庫 刊）

古本屋の主人にして陰陽師の通称・京極堂が、奇怪な事件を次々と解決していく人気シリーズの第1弾。推理小説ながら、「妖怪」の本質に迫っていく作家・京極夏彦のデビュー作。

Shooting Episode

この撮影で初めて芝刈り機を持ったのですが、村上春樹さんの『午後の最後の芝生』を思い出し、謎にアメリカな気分になりました。連載1回目ということで、これから先どんなテーマが出されるんだろうと、ワクワクしていた思い出があります。

第２回

MANGA

人生に
刺激を与えてくれた
マンガ

～マンガ編集者の一日

マンガ編集者のある一日…

ドキドキ
ここ！いいですね!!
なるほど…！
ガヤガヤ
バタバタバタ…
ギリギリですね。。。
ピーーッカサ
ピーーッカサ
ピーーッカサ
ピーーッカサ

ああ〜〜
何とか間に合ったぁ…!!

斉藤！
あがったぞ――！

ペラ
う〜ん…
ZZZZ……

マンガ編集者の一日は
まだまだ続く……

第2回

人生に刺激を与えてくれたマンガ

グラビアは、実際に出版社でマンガ編集者に扮して撮影。〝影響を与えるだけではなくて、人生を変えてしまうような刺激を与えるマンガについて語っていただきたい…〟このテーマはそんな思いから、斉藤さんにご提案しました。

あの名作オカルト沼に！

――今回はマンガのみを取り扱いますが、斉藤さんはよくマンガを読むほうですか。

「かなり読みます。小説は時間があるときに集中して読むのに対して、マンガは気軽に読めるので、移動中などはマンガを読んでいることが多いです。

今回は〝人生に刺激を与えてくれたマンガ〟というテーマで5冊を選ばせてもらいました。もし未読の作品があれば、これを機会にぜひ読んでみてください」

――では最初は『それでも町は廻っている』（石黒正数）からいきましょう。女子高生・歩鳥の日常をベースに、SFやミステリー、ホラーといった多くのジャンルを巧みに取り込んだ作品ですね。

「基本的にはなんでもない日常を描いているんですけど、歩鳥の目線で世界を眺めると、平凡な毎日がとても刺激的なものに映るんです。日常を退屈だと感じるのか面白いと感じるのかは、自分の心の置きどころひとつなんだということを教えてくれる作品ですね」

――時系列がシャッフルされた構成など、技法的にも面白いですね。

「この話とこの話が繋がっているなど、ミステリー的な面白さもありつつ、一方ではすごくくだらないコメディ回もあったりして、そのバランス感覚がすごいなと思います。あと歩鳥の弟たちをはじめ、子どもがたくさん登場するのですが、その生態というか描き方がやけにリアルなのも好きですね。学校のビオトープにネッシーがいるんじゃないかとか、ついさっきまで携帯ゲームに夢中だったのに一瞬で別のことに興味が移る描写とか、〝そういえば僕もこうだったな〟と童心に返れるのがいいですね。読み終わったときにガツンと衝撃を受けるのではなくて、気付いたら自分の中の何かが少しだけ変わっているというタイプの作品で、日常を見つめ直すいいきっかけにもなると思います」

――続いては『ぼくの地球を守って』（日渡早紀）です。80年代の少女マンガの名作ですね。

「もともと母の私物で僕は小学生の頃に読んだのですが、おかげでオカルトにどっぷりとハマり込んでしまった罪深い作品です（笑）。作中では『BOO』というオカルト雑誌の投稿欄を使って仲間に呼びかけるシーンがあるのですが、僕もその真似をして、音楽雑誌に〝当方ボーカル、ギター求む〟みたいなメッセージを投稿したことがありますね。バンドを組むと見せかけて、実は前世の記憶を共有するまだ見ぬ仲間に発信したつもりだったんですけど、いま思えばごく普通のメンバー募集ですし、せめてなんで『ムー』に送らなかったのかと思いますけど。まぁ、幸か不幸か返信は一切なかったんですけど（笑）」

――超能力、前世、転生など、世にいうオカルトブームの発端となった作品で、大ヒットしましたね。

「僕が読んだのはリアルタイムではなかったのですが、当時は僕にも絶対にサーチェス（超能力）があると信じていました。相当な風使いだって（笑）。自分のバックグラウンドには壮大でドラマチックなストーリーがあるに違いないという〝主人公シンドローム〟のような考え方を植え付けられました。あとエスパーが月出身というのも惹かれましたね。もともと宇宙や星、月といった天文系が好きだったんですが、これを読んだ僕は〝そうか、だから昔から月に特別な想いを抱いていたんだ！〟と思って、〝我、論を得たり！〟みたいにひとりで合点してましたね。いまだにオカルト系はもちろんフォークロア（都市伝説）のようなジャンルが好きなのも、本作から受けた刺激の影響が大きいですね」

大人への目覚めとともに

――続く『レベルE』は冨樫義博先生が『HUNTER×HUNTER』前に描いた3巻完結の中編です。

「これを『週刊少年ジャンプ』のような少年誌で連載するのかと、すごく驚いた記憶がありますが、エロ・グロ・ナンセンスやデカダンに興味を抱き始めた中学1年生のときに読んで、もうドンピシャにハマった作品です。当時

人生に刺激を与えてくれたマンガ

の僕は周囲から優等生だと思われるように振る舞う傾向があって、その反動からか同時に反社会的なものに対する興味も大きかったんですよ。だからこそ、日常のすぐそばにダークなファンタジーや怪奇が潜んでいる作風には痺れました。人名や地名などのネーミングもことごとくパロディになっていて、ネタ元を探すのも楽しかったですね。『幽☆遊☆白書』や『HUNTER×HUNTER』と比べるとマイナーですが、冨樫先生がこういうテイストの作品を描いていることも面白かったです」

――ここまでの3作品を見ると、いずれも日常をベースにしつつ、オカルトやSF、ファンタジーが入り混じった作品ですね。

「確かに。エブリデイ・マジックというか、日常から地続きのところに不思議な存在があるという世界観がマンガに限らず大好きなんです。『ジョジョの奇妙な冒険』で例えるなら、第4部の杜王町の雰囲気といえばイメージしやすいですかね（笑）」

魂で動ける役者になりたい

――続いて神海英雄さんの『SOUL CATCHER(S)』ですが、こちらは一転して少年マンガらしい熱血な青春ストーリーです。

「これは妹から薦められて読んだのですが、もうめっちゃ面白い。心を可視化するというマンガ的な表現技法も素晴らしいのですが、何よりストーリーが熱いんですよ。心を閉ざした主人公が、人の心を動かすサックスプレイヤーと出会い指揮者を目指すという吹奏楽をテーマにした王道展開なのですが、主人公は音楽に関してはまったくの素人なのに、魂だけで音楽や部員にぶつかっていく姿が心にガツンと響きました」

――熱血系も響くんですね。

「昔だったらそこまで響かなかったかもしれません。でも自分がお芝居をするようになってからは変わってきたと思います。それまで僕は心のどこかで〝自分は心からは熱くなれない人間なのかもしれない〟という恐怖があったんです。でも主人公を見ていたら、僕も魂で動く人間になれるんだとストレートに勇気をもらえて。そういう意味では、役者になったいまだからこそここまで強い刺激を受けたのかもしれませんね。これに音と動きが付いたらさらに面白くなるに決まっているので、個人的にはいまもっともアニメ化を熱望しているマンガ作品です。僕の脳内ではすでにメインキャストがだいたい決まっていますね」

――ちなみに斉藤さんはどの役なのでしょうか？

「悩ましいですが、神峰《かみね》もやりたいし刻阪《ときさか》も好きだし、伊調くんも音羽先輩も素敵だし……。オーディションを受けさせてもらえたなら、それだけで一生の宝物になるくらい思い入れがあります（笑）」

――最後は水上悟志さんの『スピリットサークル』です。〝縁〟や〝輪廻〟をテーマとした、斉藤さんらしいチョイスですね。

「同じ水上先生の『惑星のさみだれ』と迷いましたが、あちらはかなり有名なので、今回はこちらを選びました。今回挙げた5冊の中で、個人的にはもっとも泣けた作品ですね。特に第六章「ラファル」で、過去のどの人生においてもいがみ合ってきた弟を許すエピソードが大好きで、そこからのたたみ掛けがハンパじゃなく好きです。〝涙活〟というか、泣けすぎて本当にスッキリします。水上先生の作品に通底しているテーマは〝愛〟だと思うのですが、本作でも前世での宿命や因縁というものを超えた人類愛を感じます。結局のところ、最後の最後は愛なんだと、普段は気恥ずかしくて大っぴらにはいえないことをサラッと納得させてくれるんです。凝り固まった価値観やマイナスの感情をリセットして深呼吸できる作品で、読むたびに静かな刺激をもらっています」

――人との〝縁〟を大切にする斉藤さんの姿勢とも共通点がありますね。

「そうですね。きっと水上先生は僕と似た考えや価値観をお持ちなんじゃないかなと、勝手ながらそう確信しています」

――今回は刺激を受けた5冊のマンガについて振り返ってもらいましたが、改めてどんなことを感じましたか。

「年齢や環境によって、同じマンガ作品でも受ける刺激は変化していくものだと思います。結婚したり子どもができたりしたらまた違うことを感じるんじゃないかと思いますし、僕自身、そういう変化を楽しみながら、これからも末長くマンガと付き合っていきたいですね」

SOMA's recommended

5 books

人生に刺激を与えてくれたマンガ

『ぼくの地球を守って』
日渡早紀(白泉社文庫 刊)
(全12巻)

異星人としての前世の記憶を持つ7人の男女を中心としたSFファンタジー。転生や超能力といったファンタジーと前世からの因縁や恋愛要素が見事に融合したヒット作。

『SOUL CATCHER(S)』
神海英雄(ジャンプコミックス 刊)
(全11巻)
©神海英雄/集英社

人の心が「見える」能力を持った高校生・神峰翔太が、吹奏楽部の指揮者に挑戦する音楽作品。能力モノながら、終始一貫して熱い青春ストーリーが展開されるのが魅力。

『スピリットサークル』
水上悟志(ヤングキングコミックス 刊)
(全6巻)
©水上悟志/少年画報社

中学2年生の桶屋風太が、転入生の美少女・石神鉱子と出会ったことで運命が一変するボーイミーツガール作。時空を超える壮大な輪廻転生ストーリーは、まさに衝撃の一言。

『それでも町は廻っている』
石黒正数(ヤングキングコミックス 刊)
(全16巻)
©石黒正数/少年画報社

女子高生・嵐山歩鳥の日常を描いたドタバタ喜劇。現実世界をベースとしつつ、宇宙人や幽霊といった超常的な存在も取り入れたユーモラスな作風が特徴。2010年にアニメ化。

『レベルE』
冨樫義博(ジャンプコミックス 刊)
(全3巻)
©冨樫義博 1995-1997

『HUNTER×HUNTER』の冨樫義博によるSF作品。人間に擬態した宇宙人が蔓延する日本を舞台に、恐怖と笑いが渾然一体となったエピソードが展開される。2011年にアニメ化。

Shooting Episode

編集者に扮しての撮影でした。もし声優にならなければ出版・編集業界で働きたいと思っていたので、夢が叶って嬉しかったです。興奮を抑えつつも、リアルな出版社の現場が見られて、思わずミーハーな気分になってしまいました(笑)。

第3回

本の中の本

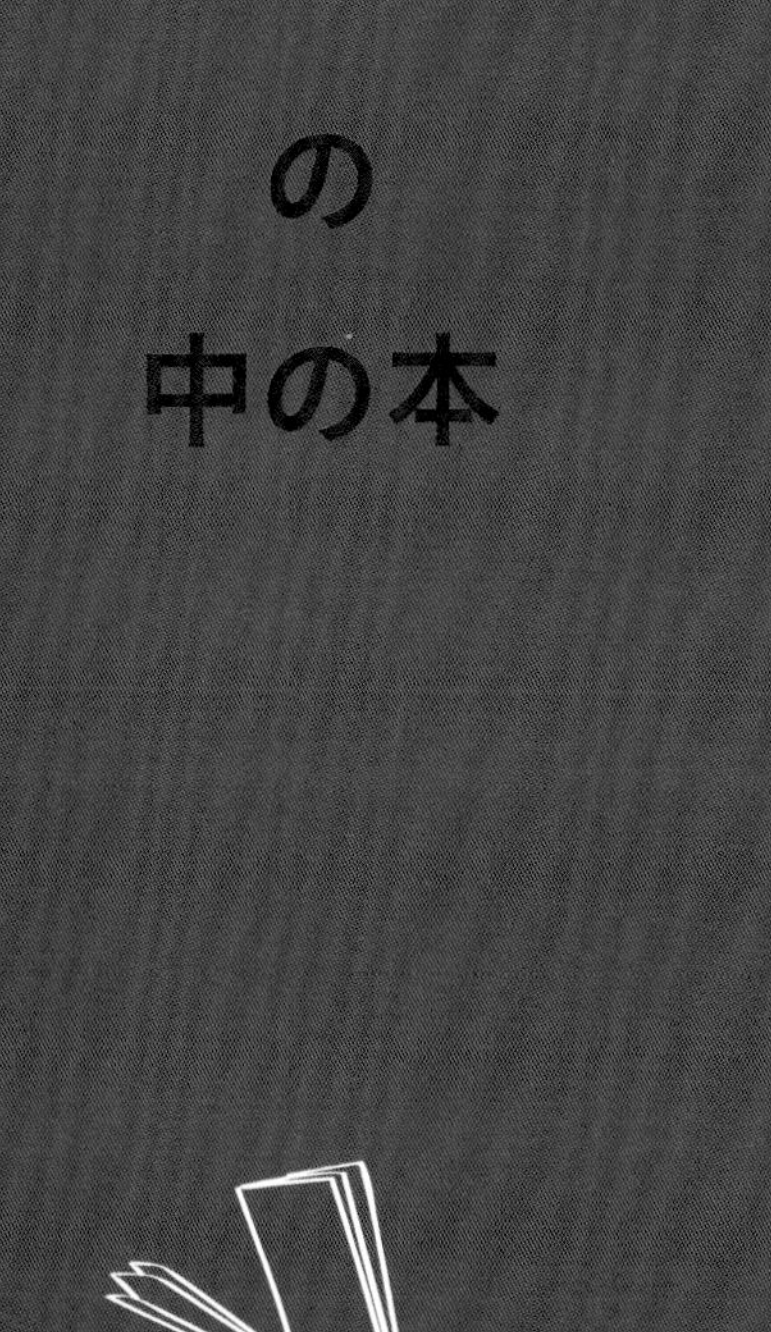

伝奇集

第3回

本の中の本

本を読んでいるときに、お話の登場人物が本を読む場面に出くわすことがあります。そんな場面に虚実の皮膜を漂うような、独特の魅力があると思います。このテーマでは、斉藤さんにそんな本を紹介していただきました。本書も、ひょっとしたら「本の中の本」の一冊かもしれません。

架空の場所や存在、描写が好き

――今回のお題は「本の中の本」ですが、お題を聞いて、どんなことを思い浮かべましたか。

「難しいテーマだなと感じました。作中に本が登場する本は子どもの頃から色々読んできたはずではあるんですけど、いざ挙げるとなると〝『ダレン・シャン』（ダレン・シャン）には出てたっけ？〟とか『ハリー・ポッター』（J・K・ローリング）はどうだったかな〟など、それこそ記憶の図書館を巡りつつ思い出していきました」

――では最初は『地獄堂霊界通信』（香月日輪）から。これは文庫や新書ではなくポプラ社の原著で読んだんですね。

「そうです。小学生時代にいちばん読んだ児童文学かもしれません。現行版の表紙絵はスッキリしてきれいなんですけど、昔のハードカバー版はもっとおどろおどろしかったんですよ。子どもの僕にはかなり衝撃的で、怖かった記憶があります。妖獣を封じた、〝ビエロゾイコン〟という魔導書がカッコ良かったですし、〝なうまくさまんだばざらだんかん……〟っていう長い呪文も全部暗記して、めっちゃ唱えていました」

――魔導書や妖怪、呪文といった類いは幼な心をくすぐりますよね。

「いいですよね。僕も当時は自分で考えた怪獣や妖怪を書いた〝マイ魔導書〟のようなノートを作っていました。いまや世に出してはならない禁忌の書物ですけど（笑）」

――主人公たちが入り浸る「極楽堂」という怪しい薬屋や、そのおやじなんかも冒険心を煽りますよね。

「〝日常と地続きの非日常〟という構図が好きなので、リアルとファンタジーを結ぶ『極楽堂』のなんともいえない怪しさはいい雰囲気を出していますよね。ただ、周囲の友達はみんな『ズッコケ三人組』（原作：那須正幹）のほうを読んでいて、当時は魅力を共有できる人がいなかったのが心残りで。そっちの3人組もいいけど、こっちの3人組も負けてないぞって、ずっと心の中で叫んでいました（笑）」

――3人組はリーダーのてつし、相棒の良次、参謀役の椎名ですが、斉藤さんは誰が好きでしたか。

「僕は断然、椎名裕介でした。頭が良くて冷静沈着な美少年だけど、〝無表情・無感動・無口〟という変人でもあって、そのギャップが好きでした。もうひとつ『ホイッスル！』（樋口大輔）というマンガにも椎名翼というキャラクターがいて、彼もクレバーだけど性格に難ありというタイプなんです。だから僕の中では椎名＝美少年、頭脳派、曲者というイメージ。当時はその名字にすごく憧れていて、生まれ変わるなら〝椎名〟だと公言していましたね」

――2冊目はホルヘ・ルイス・ボルヘスの『伝奇集』。〝本の中の本〟というテーマなので、短編の『バベルの図書館』ですね。

「妖怪もそうですが、小さい頃から架空の場所や存在しないものについて語られているものが大好きなんです。そんな中で、ボルヘスはとにかく架空の空間を描写するのが抜群に上手い作家さんだと思います。この『バベルの図書館』は、この世には存在しない図書館について語られているんですが、まず〝（他の者たちは図書館と呼んでいるが）宇宙は～〟という書き出しからしてズルいくらい素敵ですし、もう文章自体が迷宮のようです。そもそも架空の場所を舞台に、さらに架空の存在について書かれた架空の本についての説明をするボルヘスと、それを読む自分という複雑な入れ子構造になっていて、ラビリンス感がハンパないです。たったの十数ページの短編ですが、内包している情報量はとてつもなく大きいんです。似たような着想は色々な作家さんも取り入れていて、たとえば村上春樹さんとか佐藤友哉さんの作品にも見られます。特に今回は佐藤さんの『1000の小説とバックベアード』にしようかとも悩んだんですが、〝ここはひとつドヤ顔しておくか〟とボルヘスを選びました（笑）」

――迷宮めいた架空の施設というと、前回紹介したマンガ『スピリットサークル』にも脳を永遠に保管する巨大なセンターが登場していました。

「総じて、荒廃や混沌が入り混じった終末感が好きなんだと思います。絵でいえばズジスワフ・ベクシンスキーや東京幻想のような世界観。アニメだと小中千昭さんが脚本された『神霊狩／GHOST HOUND』（07年）とか。昔小説を書いていた時期があって、そのときのテーマが〝世界の終わり〟、〝過剰なセンチメンタリズム〟だった

本の中の本

んです。ボルヘスに憧れて書いたこともあって、災害や戦争があったであろう終末的な世界に団地が乱立していて、その団地がそれぞれに記憶を持っている……みたいな話でした。〝かつて大勢の人で賑わっていたであろう、いまは誰もいない場所〟というものになぜか惹かれてしまうんですよね」

リドル・ストーリーが大好物

――次はジョナサン・キャロルの『死者の書』です。

「最初に読んだのは高校生の頃だったと思います。好きな作家の伝記を書くため作家の愛した町を訪れた〝ぼく〟が、奇妙な事件に巻き込まれて……というダークファンタジーですが、魅力を説明すると必然的にネタバレになってしまうのが困ったところですね。ただ世界には無数の町が存在するのだから、ひとつくらいは〝そういう町〟、あるいは〝そういう家族〟がいてもおかしくない、いやあるに違いないと思わせる説得力があります。全編に渡ってゴシックな雰囲気が漂っていて、ジャンルは違いますが初期の谷崎潤一郎っぽいと感じました。谷崎作品なら絶対に初期派なので僕にはピッタリでしたね。また一方でスティーブン・キングのような王道なホラー感もありますし、浅羽莢子先生の訳も魅力のひとつだと思います。主人公の一人称はひらがなで〝ぼく〟なのですが、僕も自分で文章を書く際の一人称は、〝ぼく〟なんです。僕のブログに違和感を感じずに読んでくださっている方なら、きっとこの作品もすらすら読めると思いますよ」

――主人公は作家の伝記を作るために旅をしますが、斉藤さんが伝記を作りたいと思う作家さんは誰ですか。

「うーん。悩みますね。先日ラジオで〝ファンレターを出すなら誰？〟という質問をもらい、とっさにレイモンド・カーヴァーと答えたのですが、なんだかあまりしっくりこないし（笑）。改めて伝記を作るという視点で考えるなら、国内だと太宰治か福永武彦さんですね。太宰は昔は苦手だったんですけど、いまは好きなんですよ。海外ならコナン・ドイルかな。実は最近読んでいて、〝ホームズってすげぇ！〟と、ライトなノリで楽しんでいます。幅広い人に長く愛されているのがわかりますね。そんなポップでキャッチーなホームズを書き続ける裏で、本当は硬派で本格派の歴史小説を書きたかったというドイルの苦悩に迫った伝記を出したいですね。上梓の際には、ぜひ英国紳士のスタイルでグラビアを撮ってください（笑）」

――4冊目は米澤穂信さんの『追想

五断章』です。

「米澤さんの作品はどれも好きでよく読むのですが、これは作中に5編のリドル・ストーリーが収録されていて、それらを単体で楽しむこともできるし、さらにはひとつの長編として楽しむこともできる作品です。僕はそもそもリドル・ストーリーが大好きなので、異国の地で巻き込まれた体験談として記された5編を純粋に楽しむことができました。米澤さんはそれまでどちらかというと長編作家のイメージが強かったのですが、短編も抜群に上手いですね。ちなみに主人公は古本屋でバイトをする大学生ですが、ちょうど大学時代に読んだこともあって、一日中本と向き合えて、たまに掘り出し物と出会えるなど、描かれる書店員の生活に憧れもしました」

――5つの書を集めていくことで、長編としての魅力も出てきますよね。

「長編としてのトリックはかなりヒントを提示してくれているので、気付く人はおそらく序盤のうちに気付くのではないかとも思いますね。それでも面白いですけどね」

――まさに「本の中の本」というテーマにピッタリの一冊ですね。

「そうですね。映像化もできなくはないと思いますけど、こういうジャンルはやはり小説で読むのがいちばん面白いと思います。米澤さんの文章はリーダビリティも高くてグイグイと読めますから、普段はあんまり小説を読まないという方にも自信を持ってオススメできる一冊ですね」

――最後は『フリアとシナリオライター』です。

「ラテンアメリカ文学を代表するマリオ・バルガス＝リョサという作家さんの作品で、90年にはピーター・フォークとキアヌ・リーブス主演で映画化もされています（『ラジオタウンで恋をして』）。構造的には『追想五断章』と似ているのですが、こちらは完全にエンタメに振り切ったコメディです。ペドロ・カマーチョという天才的なシナリオライターが書くラジオドラマの内容が、本人の精神が変調していくことでどんどんと内容がおかしくなっていき、ついには現実と虚構さえ入り混じるようになっていくストーリーです。ラテンアメリカ文学というと、先に紹介したボルヘスを筆頭に少し取っつきにくい作家が多いんですが、この作品は一気に読んでしまえますし、エンタメとしてもとても面白いです。ちなみに筒井康隆さんの『脱走と追跡のサンバ』という作品も現実と虚構がないまぜになる話で、僕はそっちも大好きです」

SOMA's recommended

5 books

本の中の本

Shooting Episode

武蔵野プレイスは初めて行きましたが、建築物としてすごく面白くて驚きました。このときは髪が長めで、髪を耳にかける、僕としてはレアめなスタイリングなのがポイントです。珍しさもあり、周囲からはかなり好評だったことを覚えています。

『フリアとシナリオライター』
マリオ・バルガス=リョサ著
野谷文昭訳（国書刊行会 刊）

ラテンアメリカ文学を代表する作家である著者が、自らの人生をコラージュやパロディを駆使してコミカルに綴った長編小説。主人公の恋愛物語とラジオドラマの交差が秀逸。

『追想五断章』
米澤穂信（集英社文庫 刊）

題名の通り、5つのリドル・ストーリーに秘められた秘密を追うミステリー。5編それぞれの個別の面白さはもちろんのこと、徐々に真相へと迫っていくスリルは米澤作品でも随一。

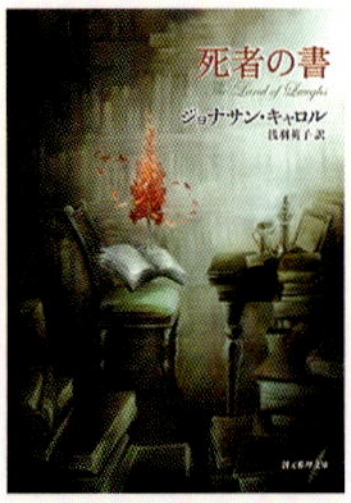

『死者の書』
ジョナサン・キャロル著
浅羽莢子訳（創元推理文庫 刊）

敬愛する天才作家の伝記を書くため、作家の愛した町へとやってきた主人公の「ぼく」。しかし次々と奇妙な出来事が起こり……。サスペンスとホラーに満ちた衝撃のファンタジー。

『地獄堂霊界通信』
香月日輪（講談社文庫 刊）
（全8巻）

番長のてつし、右腕のリョーチン、頭脳派な椎名の「三人悪」が活躍する異能バトルファンタジー。三者三様の術や呪文に、深いテーマ性も見られる。実写映画化、OVA化もされている。

『伝奇集』
J.L.ボルヘス著
鼓 直訳（岩波文庫 刊）

東西古今の伝説や神話、古典を題材としたボルヘスの処女短編集。恐るべき緻密さと複雑さをもって描かれる幻想的な世界は「迷宮」と称されるほど。ぜひ挑戦してほしい。

第４回

芸術に惹かれて

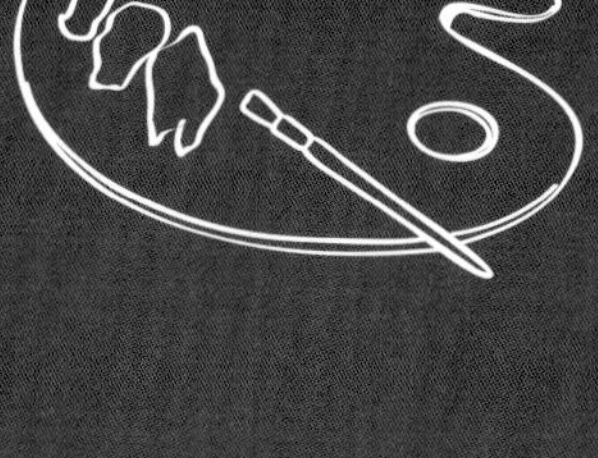

TARO

TARO

作品にはお手を触れないでくださ
Please Don't Touch

第4回

芸術に惹かれて

斉藤さんと川崎市岡本太郎美術館へ出かけ、その作品を堪能。芸術の世界を垣間見た回となりました。インタビューでは意外な芸術分野の本まで挙げていただく展開に。後半は、本のことから役者としてのご自身のお話にまで及びました。

写真の魅力がわかってきた

——今回のお題は「芸樹に惹かれて」です。まずは『アナ・バラッド写真集』（アナ・バラッド）から。

「これは最近知ったフォトグラファーさんです。写真集の解説は浅田彰さんだし、帯にはJ・G・バラードの名前もあり、これは大好きに違いないと直感しました。60年代っぽい熱狂や懐古趣味、レトロフューチャーが相まって、〝ロマンの残滓《ざんし》〟のような終末感を感じて大好きです。SF的でもあるし、太古の地球のようでもある。夢と現実の狭間に漂う白昼夢のような感覚は音楽でいうと、my bloody valentineっぽいなと感じました」

——写真はいつ頃から興味をお持ちになったんですか。

「最近ですね。学生時代は正直よくわからなかったんですけど、色々と見ているうちに見方が変わってきたんです。写真って、撮影する人の切り取り方で世界がまったく違って見えるじゃないですか。僕自身、昔は〝自分が世界に歪められている〟という感覚が強かったのですが、最近は〝自分が世界を歪めて捉えている〟と思うようになったんです。世界の見方は自分のファインダー次第なんだと思うようになってから、写真という芸術が持つ魅力が徐々にわかってきたような気がします。最初に名前を知った写真家は植田正治さんで、いつか大きなサイズの写真集を買いたいですね。他にも、アメリカ人の写真家でソール・ライターという方も大好きです。現時点で写真集が手に入っていればぜひラインナップに加えたかったんですけど、品薄でなかなか入手できないんです。いまは必死に世界中の在庫を追いかけていますね」

——続いては星野藍さんの『幽幻廃墟』で、こちらも写真集ですね。

「この写真集には旧共産圏の未承認国

家の遺物が収められているんですが、もう表紙を見た瞬間にほしいと思いました。なんだろうと思ったら、表紙の写真はどうも噴水らしいです」

――主にどんなところに惹かれるのでしょうか。

「そもそも旧共産圏の建造物のデザインが好きです。現代の資本主義とは明らかに違う方向に進もうとしていたことがヒシヒシと伝わってきて、その訳のわからなさが大好きです。より宇宙的で映画『不思議惑星キン・ザ・ザ』（86年）のようなテイストに近い。アナ・バラッドとは方向性は違いますが、こちらは〝あり得たかもしれない可能性の残滓〟とでもいうべき遺物たちなのかなという気がしています。いずれにしても写真に関してはまだまだ勉強中ですので、これからどんどんと開拓していきたいジャンルですね」

――ゆくゆくは自分で写真を撮りたいという思いもあったりしますか。

「興味はあるので、いつかチャレンジしてみたいです」

――続いては絵画集です。ジョルジュ・デ・キリコの『デ・キリコ（アート・ギャラリー　現代世界の美術）』。

「キリコは中学生時代にハマった画家です。もちろんいまでも好きなんですが、絵を見るとどうしても当時の生々しい感情までいっしょにぶり返して来るので、多少の気恥ずかしさも覚えますね（笑）」

――キリコは時代によってかなり画風が変化していますよね。

「僕は初期のほう、例えば『通りの神秘と憂愁』とかが好きです。影で描かれた女の子の向かう先に、これまた影しか映っていない何者かがいるという絵で、梶井基次郎的にいえば〝得体の知れない不吉な塊〟みたいな。それが良いことなのか悪いことなのかはまだわからないけれど、なんとなく心がザワザワするっていう絵で、キリコの作品群からはどれもそんな印象を受けます。中高生のときは、そんなキリコの世界観を小説や音楽で表現したいと思い、色々と創作活動をしたものです」

――キリコの世界観、あるいは形而上的な美術というのは、アニメにも度々取り入れられていますよね。

「そうそう。『ＴＥＸＨＮＯＬＹＺＥ』（03年）とかまさにそうですよね。他にも『Serial experiments lain』（98年）や『少女革命ウテナ』（97年）、『新世紀エヴァンゲリオン』（95年）など、精神世界や哲学を盛り込んだ90年代後半から00年代初頭のSFやファンタジー作品には特に多いで

芸術に惹かれて

すね。スピリチュアルでありながらもサイバーという組み合わせは僕も大好きです」

――キリコの他に、好きな画家はいますか。

「キリコと同じく中二病なら誰もが通る道かもしれませんが、ズジスワフ・ベクシンスキーやグスタフ・クリムトも好きです。特にベクシンスキーの終末感やカタストロフィー感、セクシャルでグロいところなどは、よりダークな方向へと吸い寄せられていた学生時代の僕にはドンピシャでした（笑）」

――確かに、すべてに共通した何かを強く感じます。

「先ほどの写真集も含め全般的にそうなのですが、僕が興味があるのはリアルではなくシュールリアリズムで、しかも対象は人ではなく、モノに思念が残留している感じが好きなんだと思います。打ち捨てられた塔だったり廃墟だったり。そこに描かれている世界は見たこともないし、誰も知らないはずなんですが、心の片隅には確かにこの風景があったと思わせてくれる感じ。ドキドキワクワクするようなエモさや刺激ではなくて、郷愁に近い感情なんですよね」

能の極意は芝居にも通じる!?

――なるほど。そして次は安田登さんの『能―650年続いた仕掛けとは―』です。これは伝統芸能の「能」の効能を現代社会に紐付けた、実用書に近い本ですね。

「変化球がほしいと思って選びました。最近、能にも興味があるんです。この本は能の入門書としての役割を果たしつつ、能をやると長生きできるとか集中力が付くとか、あるいは能を知ることで世界の解釈がもっと豊かになるとか、とてもよく作られているんです。能のことをほとんど知らなかった僕でさえ、読み終えたときには〝能〟というジャンルがしっかりと心にタグ付けされました。そしてもうひとつは、ひとりの役者としても納得させられる部分が多いんですよ。能楽師から見た身体論はもちろん、見ることと見られることの関係だったり、〝離見の見〟という、エゴを捨てて俯瞰で演じることの大切さなど、普段お芝居をしていて感じる〝あるある〟やハウツーがたくさん詰まっているんです。同業者にぜひ読んでほしいと思うくらいオススメです」

――能のメソッドがこれほど実践的だとは思いませんでした。

「そうですよね。650年も続いてい

る伝統芸能にそんなノウハウが詰まっていることは驚きですし、さらにこの本ではVR（仮想現実）やAR（拡張現実）、MR（複合現実）といった最新技術との親和性や応用性についても触れられていて、未来すら感じることができる。世阿弥って天才すぎだろって思っちゃいます。もちろん、それもこれも安田登さんの丁寧な語り口や例示、分析があってのことで、そういう意味でも非常に完成度の高い良書なんです」

――ちなみに、能の舞台はもう体験されましたか？

「それが、まだなんですよ。一刻も早く観たいという気持ちは強いんですが、能の舞台は昼間にやることが多く、仕事の都合でなかなか行けないんです。なんとかして調整して、この号（18年4月発売号）が発売されるまでには必ず一度は観ておこうと思っています」

――では最後はpanpanyaさんのマンガ『二匹目の金魚』です。

「panpanyaさんの作品はどれもノスタルジアに近い独特の気配を感じさせてくれます。つげ義春さんの雰囲気を上手く現代風にアップデートしているというか。これまでの何冊かの作風は、もっと断片的で、ポエティックな印象だったのですが、この作品からはより間口が広く設定されている気がします。ぜひこの一冊を入り口に、めくるめくpanpanyaワールドに迷い込んでみてほしいです。個人的には、先生の世界観が本当に好きなので、これからもひそやかに新作を楽しみにしていこうと思います」

――さて、今回も5冊を選んでいただきましたが、このうち写真と能はこれから取り組んでいきたい分野なんですね。

「そうですね。そもそもこれまではあまりアートに深く触れる機会がなかったんですよね。美術館や博物館は好きでも、いざアート集や写真集を買うとなると、学生には高くてなかなか手が出しにくかったり。芸術分野は社会人になってようやく本腰を入れて探求できるようになった気がします。とはいえ、僕もまだまだ入り口に立っただけですから、これからもっとたくさんの美術館を巡って、色々な芸術に触れていきたいです。声優としても、美術館や博物館のナレーションや音声ガイドをぜひやりたいんです。なんとかして実現できるよう、こうして記録に残しておこうと思います（笑）」

Be attracted to Art

第4回 芸術に惹かれて

SOMA's recommended

5 books

芸術に惹かれて

Shooting Episode

撮影地の川崎市岡本太郎美術館は生田緑地内にあって、完全に花粉にやられました（笑）。だけど、美術館はすごく刺激的でしたし、岡本先生の作品はエロやグロ、愛嬌やユーモアが絶妙に絡まり合っていて、否応なしに惹かれてしまいました。

『デ・キリコ（アート・ギャラリー 現代世界の美術）』
編集委員：大岡 信 他（集英社 刊）

形而上絵画の創始者で、20世紀イタリアの最大の巨匠とうたわれるジョルジョ・デ・キリコの画集。作品そのものの他、峯村敏明と多木浩二による作品解説も読みごたえあり。

『幽幻廃墟』
星野 藍（三才ブックス 刊）

チェルノブイリ原発事故によって破棄された廃墟都市をはじめ、ナゴルノ=カラバフといった未承認国家など、異世界を思わせる幻想的な佇まいの建造物を集めた写真集。

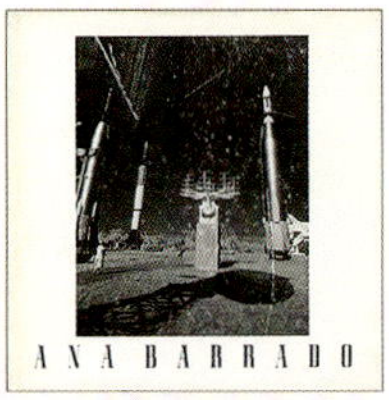

『アナ・バラッド写真集』
アナ・バラッド
解説：浅田 彰（ペヨトル工房 刊）
※現在は、ステュディオ・パラボリカにて取り扱い

人工的に構築された世界と自然とのコントラストを独自の視点で捉えるアルゼンチンの女性写真家・アナ・バラッドの作品集。赤外線の白黒フィルムでの撮影が特徴的。

『能 ―650年続いた仕掛けとは―』
安田 登（新潮新書 刊）

信長、秀吉、家康といった歴代の偉人たちから愛され続けた「能」。その仕組みや魅力を、現役能楽師でもある著者が現代的な視点で語った一冊。現代社会に通じるメソッドが満載。

『二匹目の金魚』
panpanya（白泉社 刊）

表題作の他、「制御に関する考察」「通学路のたしなみ」などの19作の短編を収録。絵の隅々から滲み出す退廃と不条理、郷愁に満ちた世界が読む者の心をかき乱す。

第5回

本で楽しむ科学

200ml

200 ml
72

第5回

本で楽しむ科学

取材時は科学系の本にハマっていたという斉藤さん。まだこのジャンルは読んだことがないという方も多いかもしれません。科学はもちろん擬似科学の話題から小説&マンガまでご紹介。ぜひ、こちらの本を中心に、未知の世界に好奇心を広げてみては?

変化球多めの科学本を!

――今回のお題は「科学」ですが、選書はいかがでしたか。

「バリバリの文系ではありますが、最近は科学系の本も読むようになったのでセレクトは楽しかったですね。とはいえ、選んだ5冊は変化球が多いので科学の定義や文脈はマチマチではありますが、ひとつ優しく受け止めていただけましたら幸いです」

――わかりました。ではまず『ホワット・イフ? ―― 野球のボールを光速で投げたらどうなるか』(ランドール・マンロー)からいきましょう。サブタイトルのようなおかしな質問に、元NASAの研究者が科学的見地から結論を導き出す科学コラム集です。

「いってしまえば『空想科学読本』(柳田理科雄)の海外版という印象で、高度な科学知識を語りつつ、とても読みやすいのがポイントですね。それに加え、著者がかなりシニカルな人で〝最後まで残る人工の光は何?〟という質問に対し、答えは何百年も光り続けるチェレンコフ放射なんですけど、〝私たちが生み出したもっとも毒性の高い廃棄物がなおも輝いているだろう〟と締めくくるなど皮肉な毒舌が効いていて、全体としてお洒落でポップ、かつユーモラスです。ワンクエスチョンに数ページのアンサーというバランスなので、一日一項目だけ読むのでも充分ですし、科学に詳しくない人も楽しめると思います」

――著者の幅広い科学知識にも驚かされますが、何より読んでいるうちにだんだんと論理的な思考力が養われるような気もします。

「そうですよね。むしろ僕のような文系の人にこそオススメしたいです。随所に解説用の挿絵が入っているんですが、これがまた味があっていいんですよ。お題と絵だけを見ていても楽しいです。あと、サイトに寄せられた質問を載せているコーナーがあって、それもちょっとヤバいんですよね。〝アメリカの家は年間何軒全焼していますか？　またその数を大幅に増やすことはできますか？〟とか、〝熱いコーヒーを飲んだら割れてしまうほどの低温にまで歯を冷やすことはできますか？〟とか。一体この投稿者たちは何を考えているのかと（笑）。真面目に読むのではなく、頭のストレッチのつもりで読んでいただけるととても楽しいと思います」

――2冊目は『ベントラーベントラー』（野村亮馬）ですね。これはいわゆる日常系のSFマンガですね。

「マンガを一冊入れたくて選びました。人間社会に宇宙人が自然と溶け込んでいるという設定ですが、決して大仰な話ではなく、すごくナチュラルな雰囲気があって。それが好きなんです。第2回で挙げた『レベルE』もそうですし、アニメでいえば『学園戦記ムリョウ』（01年）も同系の世界観で大好きです。もし現実に宇宙人がやってきたときって、意外とこんな感じで普通に受け入れるんじゃないかなとも思うんです。特に2018年に生きる僕たちにとっての終末観って、恐怖の大王とかアンゴルモアの大王ではなくて、こういうヌルッとした肌触りのほうが気分なんだと思います」

――〝日常に溶け込む非日常〟というのは斉藤さんの好物ですよね。

「あまりにも深刻すぎたり真剣すぎるSF作品も、もちろん好きではあるんですけど……。家のドアをガチャッと開けたら、そこに見知らぬ宇宙人がいたみたいな、それこそ『レベルE』的なノリのほうが断然好きですね。本作でいえばクタムという宇宙人がいるんですけど、もし彼が身近にいたら楽しそうだなとか、ついついそういうことを考えちゃうんです」

――そのクタムをはじめとして、登場する宇宙人たちは総じて知能が高く、かつ友好的なのが特徴ですね。

「性善説っぽいほのぼのした描写ですよね。クタムたちのような宇宙人は存在する位相が人間とは違いすぎて、そもそも〝滅ぼす〟とか〝勝ち負け〟とかの価値観すら超越しているような気がします。そんな超越存在を人間側もポジティブな諦めを持って迎え入れているという、独特な雰囲気も魅力です」

――いつ読まれたんですか。

「去年（17年）ですね。同じ作者さんの『インコンニウスの城砦（馬頭電書）』という作品がKindleで無料だったので、読んだらこれがめっちゃ面白かったんです。それでこの『ベントラーベントラー』にたどり着きました。このタイトルの文句は、実際にUFOを呼ぼうとした人たちが使っていた呪文で、思わず唱えたくなるような語感の良いタイトルにも惹かれました。僕は『月刊アフタヌーン』や、かつての『月刊IKKI』が好きというわかりやすい人なんですけど、これはいかにも『アフタヌーン』らし

本で楽しむ科学

い雰囲気で、好きですね。アニメになって動くのも観てみたいなぁ。逆にフルCGとか、すごくハマりそうな気がします」

――斉藤さんは何役で出たいですか。

「そりゃあもう出られるなら何役でだって出たいですよ！　でも、クタムをやってみたいという気持ちもあります。うーん、でも観られるなら出られなくてもいいです（笑）」

幼少期に読めば人生が変わる

――では『金色機械』に移ります。作者は恒川光太郎さんですね。

「これも〝科学〟と呼ぶには難しいボールだと思いつつ、入れてしまいました。お話としては、〝金色様〟という不死身の存在がいて――僕らから見るとそれは完全にロボットなんですが――その機械が幾世代にも渡って人間の悲喜こもごもを見守り続けるという話です。ベースの世界観や文体は時代小説なんですが、そこにSFやファンタジー、ホラーなど様々な要素が入ってきて、ジャンルで括るのが難しい作品です。もはや〝恒川光太郎さんの世界〟としかいえないんです」

――「科学」というお題で見るとSF色は薄めですよね。なぜ本書を選んだのでしょうか。

「作中に登場する金色様って、実際には機械なんですけど、その時代に生きる人にとっては魔法を使う神様そのものなんですよね。高度に発展した科学は魔法にしか見えないという言葉もありますが、そう捉えればこの物語は科学と魔法のどちらの目線からでも楽しめますし、ある意味で〝それって科学の本質なのでは？〟とも思うんです」

――なるほど。『金色機械』はこれまでの恒川作品と比べると少し味わいや趣きが異なりますね。

「そうなんです。恒川さんはいつも不思議な小説を書かれるのですが、この作品は明らかにこれまでとは違うと感じました。恒川さんはいとも簡単に論理や文脈を超えていく作家さんで、ともすれば〝なんでそうなるの？〟ということを平然とやってのけるんですが、この作品ではそういう突飛さや唐突感がなくて、骨太な筋がしっかりと立っているんです。なので、これまでよりスケール感は増していて、それでいてオンリーワンの世界観は保たれている。明らかに一段階上のステージを意図して書かれていて、恒川さんの新境地というか、新しい魅力を垣間見た気がしました。純粋に小説としてのクオリティもすごく高いですし、オススメです」

――次は『世界でもっとも美しい10の科学実験』（ロバート・P・クリース）です。これは古代から近代に行われた10の実験の美しさを一般向けに解説した本ですね。

「数学者や物理学者って、よく数式を詩にたとえたりするじゃないですか。それを見ても僕にはそれのどこが美しいかわかりませんが、これはその実験バージョンです。研究者がどうしてその実験を美しいと感じるのかを出発点としていて、解説を100%理解できているわけではないんですが、それでも読み物として読んでいくうちになんとなくわかる気もするんです。解説されている実験は、ガリレオが慣性の法則を確認した実験だったり、ニュートンがプリズムで確認した光の分散の実験だったりといずれもかなりメジャーなものばかりですし、著者の無邪気な態度も押し売り感がなくていいなと思いました。そもそも美しいかどうかに絶対的な基準があるわけでもないですから」

――私も文系なので本質的な部分を掴めているかどうか不安ですが、科学者が試行錯誤を重ね、正解に至ろうとする道筋がドラマ込みで楽しめました。

「平たくいえば科学史ということになるのですが、確固たる意思と目的を持って特定のベクトルへと進んでいくことで歴史が生まれているわけですから、それを含めて物語が形成されていくんだなと思います。その道筋を美しい文章で綴ったこの本は、見方を変えればそれ自体が一冊の詩集のようでもあり、知的好奇心はもちろん、感性を充足させるのにも役立つ気がします」

――最後は『ドミトリーともきんす』（高野文子）。朝永振一郎ら日本の科学者たちの言葉を題材に作られたマンガ作品ですね。

「もともと高野さんの作品はどれも大好きなのですが、中でもこの作品は、形容しがたいけど面白いことには違いはないという、まさにオンリーワンの世界観です。この本を小学生の頃に読んでいたなら人生そのものが変わっていたかもしれないと思えるほどです。こういう本を子どもにすっと薦められる大人になりたいですね」

――自然科学に対する理解や疑問は、その後の人生そのものを左右するほど重要な事柄かもしれませんね。

「僕らは〝なんで?〟っていう疑問が生まれるとすぐにネットを使って数秒で解決してしまいますが、自分の中で時間をかけて育ててみることも大切なんですよね。それは科学的な疑問だけではなく、あらゆることがそうだと思います。本書に登場する科学者たちの発想や言動を見ていると、色々なことを考えさせられますね。本棚に入れて、穏やかに楽しみたい。そんな作品です」

SOMA's recommended

5 books

本で楽しむ科学

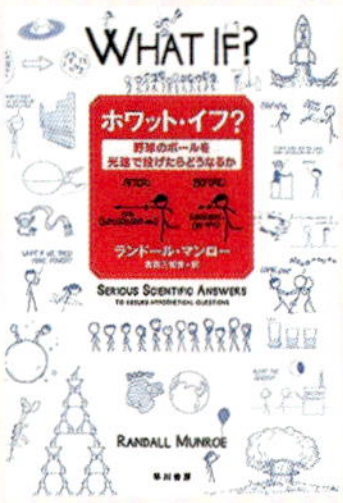

『ホワット・イフ?
――野球のボールを光速で投げたらどうなるか』
ランドール・マンロー著
吉田三知世訳（早川書房 刊）

元NASAの研究者が運営するサイトを書籍化し、全米でベストセラーとなった一冊。確かな考察力とユニークな発想の組み合わせで、科学が苦手な人でも楽しく読める。

『金色機械』
恒川光太郎（文春文庫 刊）

ときは江戸時代。死の掌を持つ少女、山賊に拾われた少年、贖罪に生きる同心と、謎の存在である「金色様」にまつわる時代小説風SF作品。第67回日本推理作家協会賞受賞作。

『ベントラーベントラー』
野村亮馬（アフタヌーンコミックス 刊）
（全3巻）
©野村亮馬／講談社

様々な地球外生物と人間が共存する現代社会を舞台にした日常系SF作品。とことんユルく、それでいてピリリと硬派な空気も漂わせる奥深さが味わえる野村亮馬の名作。

『ドミトリーともきんす』
高野文子（中央公論新社 刊）

朝永振一郎、牧野富太郎、中谷宇吉郎、湯川秀樹といった科学者たちの残した言葉に着目した作品。丹念に練り上げられた問答劇と端正な絵柄の競演で、未知の読み味になっている。

『世界でもっとも美しい10の科学実験』
ロバート・P・クリース著
青木 薫訳（日経BP社 刊）

ガリレオの斜塔やフーコーの振り子、ニュートンの光の分散など、世界的に有名な10の実験を取り上げた本。その実験がなぜ美しいのかを熱弁する著者の、科学への深き愛にはただ脱帽。

Shooting Episode

テーマが科学ということで、ビーカーやフラスコなどたくさんの理系ガジェットが用意されていたんですが、どれもいちいちカッコ良くて、心踊りました。とくに恐竜の模型は、幼少期に母親といっしょに作っていたなと、懐かしくなりましたね。

第6回

ニッポンの文学を読む

第6回

ニッポンの文学を読む

文豪のような和装を身にまとい、撮影に臨んでいただいたのは、連載最後を飾るテーマ、「ニッポンの文学を読む」。純文学とエンタメなど、あらゆるボーダーを軽々と乗り越える斉藤さんの巧みな「本の読み方」に、読書自体の面白さを改めて感じました。

文学とエンタメの境界線

——今回のお題は「ニッポンの文学を読む」ですが、どんな印象をお持ちになりましたか。

「〝日本〟ではなく、〝ニッポン〟というのがポイントですよね。〝ニッポンの文学〟といえば、佐々木敦さんの著書にもあるように、SFやファンタジー、ラノベといった形骸的なカテゴライズ自体があまり意味をなさない時代になってきたと僕自身も感じているんです。今回はそんな流れを汲みつつも、色々な観点から〝カギカッコ付き〟の文学を選んでみたつもりです」

——おっしゃる通り、ラインナップはバラエティ豊かです。そんな中で従来の純文学に相当する作家として、まずは太宰治を挙げていただきました。

「昔は太宰作品が苦手でした。文学といえば太宰、みたいな風潮に対する反発心もあったのかも。そんなの、自分が勝手に思っていただけなんですけどね。でも、芝居の勉強を始めて、改めてしっかり読んでみると、本当にすごいことをやっている。太宰は当時の作家たちの中でも句読点の使い方がかなり特殊なのですが、それが圧倒的リーダビリティに繋がっている。じゃあそのまま朗読できるかと思って声に出してみると、まったく成立しない。太宰作品は朗読コンクールの題材としてもよく使われていますが、とても納得しました。一度自分の中で文章を咀嚼し、アウトプットしないと、彼の構築した世界に寄り添った語りができないんです。読者としても演者としても、とても好きで、尊敬している作家さんです」

——特に好きな作品を挙げるなら？

「『ダス・ゲマイネ』、『フォスフォレッスセンス』、『トカトントン』、『女生徒』、『斜陽』……たくさんありすぎて選べないですね。どちらかというと真面目なものよりもエモいユーモア系が好きです。あと太宰はストーリーモノ以外にエッセイも面白いですし、気取ったスタイルを取りながらも、まったく小難しくはない。そもそも高尚なところを目指していないところも好みです。ちなみに教科書にも載っている『走れメロス』は、個人的にはギャグ小説だと思っています（笑）。よく読むとメロスも結構めちゃくちゃなんですよ。でも美談として読んでも、僕のようにギャグとして捉えても、どちらにしろ現代に至るまでに多くの人に読まれている時点で、太宰の勝ちですよね。なんて偉そうなことをいっていますが、これから先の人生で、もっともっと大切に読んでいきたいなと思っています」

――続いては安岡章太郎さんの『ガラスの靴・悪い仲間』です。

「安岡さんもまた、とにかく文章がお上手な方で、そこが好きです。特に初期の作品は文体がとてもポップですね。『ガラスの靴』でいえば〝空ッポ〟とか〝おベントウ〟とか、節々にカタカナを使っていて、この世代の作家さん特有の文体ではあるんですけど、戦争に近い時代を舞台にしながらもどこか明るさがあるし、後ろめたくてネガティブな出来事や感情もポップに伝わってくる。いうなれば〝すっとぼけ感〟のような感じがあるんです。それまでは、辛い気持ちを表すには『胸に虚無の穴が空く』みたいな表現が当たり前だと思っていた当時の僕にとっては衝撃でした。一方で、同じ安岡さんの『海辺の光景』などは従来の〝文学〟路線に近い作品ですが、これも他の安岡作品を読んでから読むと、なるほどと思えるんですよね」

――太宰も安岡さんも、ともに文章力の高さ、しかもどこかにユーモアを感じるところがお好きなんですね。

「そうですね。特に安岡さんに関しては時代背景を含めた大きな世界はあまり描かず、箱庭的な世界観が多いんです。『ガラスの靴』は東京に駐屯する米軍医邸で働くメイドと〝僕〟の話ですが、政治や戦争を匂わせる描写は一切なく、そのユルさには可笑しみさえ感じます。吉行淳之介さんや小島信夫さんなど、いわゆる〝第三の新人〟に共通する特徴でもありますが、その感じが好きです。ちなみに、僕が自分で文章を描くときは大きくセンチメンタル系とユーモア系で分けているんですけど、ユーモア系を書く場合は安岡さんの文体を意識しているかもしれません。読み手としてだけでなく、書き手としての僕にも影響を与えているのかなと思います」

やっぱりファンタジーが好き？

――3冊目は梨木香歩さんの『家守綺譚』です。太宰、安岡作品と比べると、いくぶんファンタジーな色合いですね。

「主人公が庭のサルスベリの木に惚れられたり、死んだ親友が床の間の掛け

ニッポンの文学を読む

軸から出てきたりと、日常と非日常が入り混じる、僕が大好きなテイストです。小さい頃から妖怪や超常現象、スピリチュアルなストーリーが大好きなので、〝こうあってほしい〟と思う世界をそのまま体現したような物語ですね。特に植物への造詣が深くて、描写や文体も含めて夏目漱石の『夢十夜』を思い出しました。読む人によって文学ともエンタメとも取れる、これほどジャンルという括りが無意味に感じる作品もないなと感じます」

――河童や狸、人魚など、不思議な存在もたくさん登場します。

「妖怪の類はもちろん人間の創作物ではありますけど、植物でも動物でもあらゆるものに魂が宿る、妖に満ちた日常というのは古来からの伝統的な観念ですよね。そういう意味では『家守綺譚』は、『日本書紀』や『万葉集』のような古典を現代にアップデートした作品なのではないかとも思います。梨木先生は『西の魔女が死んだ』が有名ですけど、『家守綺譚』はまた違った魅力があって、その世界に一気にひき込まれますね」

――続いては今市子さんの『百鬼夜行抄』です。これはマンガですが、『家守綺譚』に似た肌触りのある作品ですね。

「おっしゃる通り、これは『家守綺譚』と同じく、日常と非日常が交わっている世界観が好きなので選びました。今回の撮影でも改めて感じたんですけど、こういった伝統的な日本家屋って、昼間にも関わらず部屋の一隅が驚くほど暗かったりするじゃないですか。ドキッとして思わずそこを見つめてしまうんですけど、ずっと見ていると、そこから得体の知れないものが出てきてもおかしくないような雰囲気があって。『百鬼夜行抄』はそんな不思議さに満ちていて、妖怪モノなので論理を超越したことが起こるんですけど、あくまで日常をベースに異世界へ迷い込んでいく、その感覚が好きなんです」

――テーマは〝文学〟ですが、そこにマンガ作品を選出されたことも意外でした。

「このインタビューでは、毎回一冊は〝趣味枠〟としてあえてテーマから少し外した作品をセレクトしているんですが、今回は『百鬼夜行抄』がそれに当たりますね。とはいえ〝じゃあマンガは文学ではないのか？〟と問われると、これは冒頭にも話した通り、境界線は時代を追うごとにどんどんと曖昧になってきていますから、やがては文学として認識される日もやって来ると思います。そうそう、最近、手塚治虫先生の『火の鳥』を再読したんですけど、やっぱり圧倒的にすごくて、媒体はマンガですけど、これを文学といい切って何か問題があるのかなと思っちゃいましたね」

――なるほど。ところで『百鬼夜行抄』はドラマCDが発売されていますよね。

「そうなんです。主人公を石田彰さんが担当されていて、それが超絶ピッタリなんです。いつかはアニメ化してほしいなと、切に願っています」

――では最後の本に移りましょう。最後は中島らもさんの『ガダラの豚』ですね。

「これも一般的にはエンタメ小説に分類されると思いますが、僕なりの〝カギカッコ付きの文学〟という定義で選出しました。もっとも、らもさんご自身はこれを文学と見なされたら嫌がるかもしれませんけどね（笑）。文章そのものは中島らも節というか、読みやすくユーモアがあり、随所に豆知識が入り、次々にエピソードが展開していくスタイルで、まさしくエンタメ小説です。ホラー、冒険活劇、家族、民俗学と、多くの要素を含んでいてジャンルレスな魅力が味わえるのですが、すごいのは、そうしたエピソードの積み重ねの先に語られているのが〝呪い〟という壮大なテーマであること。ひとりの心情、あるいはふたりの関係性を深く掘り下げて描き切るというのではなく、様々な視点や観点を通じてひとつの大きなテーマに迫っていく。ここに圧倒的な読後感があって、なんだかわからないが超越的な存在に触れたような気になるんですよね。本を読むという行為においてここまで上質な体験をさせてくれた作品は、少なくとも僕にとっては文学作品だといえますね。ちなみに同じような上質な体験をしたという意味では舞城王太郎さんの『ディスコ探偵水曜日』もそうで、どちらを選ぶかすごく悩んだんですが、今回は『ガダラの豚』にしました」

――こうしてお話を伺っていると、改めて〝文学〟というものの定義付けがわからなくなりますね。

「そもそも〝純文学〟と評されているものだって、エンタメの要素を持っていたりしますからね。〝文学〟と聞くとついつい構えてしまう人も多いとは思いますが、実はそこまで高尚で難解ということでもないと思う。特に今回触れた太宰、安岡の両作品は、ストーリーが面白く、ユーモアもあり、文章も読みやすいので、もしこれから日本文学に触れてみようと思っている人がいたら、ぜひオススメしたいです」

SOMA's recommended

5 books

ニッポンの文学を読む

『ガダラの豚』
中島らも（集英社文庫 刊）
（全3巻）

テレビで人気のタレント教授・大生部多一郎を主人公に、超能力、占い、宗教など多彩な視点で「呪い」を描くエンターテインメント大作。第47回日本推理作家協会賞受賞作。

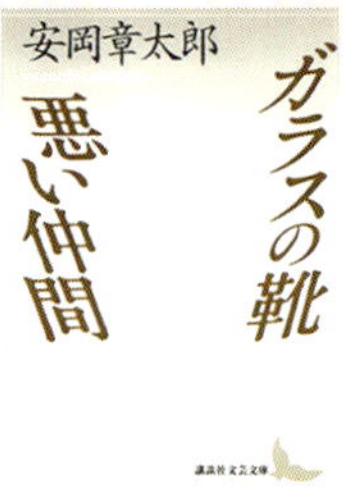

『ガラスの靴・悪い仲間』
安岡章太郎（講談社文芸文庫 刊）

安岡章太郎の出世作となった『ガラスの靴』や芥川賞受賞作の『悪い仲間』など、初期の名作を収録した短編集。文豪らしい格調の高さと軽妙でポップな文体のバランスが絶妙。

『走れメロス』
太宰 治（新潮文庫 刊）

インタビュー中で触れられている『ダス・ゲマイネ』、『走れメロス』、『駈込み訴え』、『女生徒』など全9編を収録。太宰治の中期の代表的な短編集で、そのユーモアとペーソスが味わえる。

『家守綺譚』
梨木香歩（新潮文庫 刊）

家守として親友宅に住み始めた綿貫征四郎の不思議な体験を綴った幻想小説。サルスベリや狸、狐、人魚など、様々な動植物との交歓には、まったり&ほのぼのとさせられる。

『百鬼夜行抄』
今 市子（朝日新聞出版 刊）
（既刊26巻）

妖魔を見る力を持つ主人公・飯嶋律が、色々な妖怪や妖魔と出会っていく、あやかし物語。美しい画風が魅力で、シリーズ累計500万部を突破している。舞台やドラマ化もされた人気作。

Shooting Episode

和装や日本家屋での撮影はわりと多いほうですが、やっぱり落ち着きますね。この回でオススメした『家守綺譚』のような家に住んでみたいという願望があるんです。畳と木の香りに加えて、なんといっても「縁側」の作り、その言葉自体も素敵ですよね。

番外編　本との出会い

MACK
FALLE
Holy Bible
BAZAAR
MODELS

EGOISTE
GENESIS

番外編

本との出会い

2016年4月、「声優MEN」では初めて、
斉藤壮馬さんに取材を敢行しました。
この取材の際に、本好きという斉藤さんの一面を知り、
連載をお願いし、実現に至りました。
その時にお聞きした本についてのことを再構成し、
インタビュー形式で「番外編」としてお届けします。

バランスと節制が大事

――読書家で知られる斉藤壮馬さんに様々な角度から本について伺います。まず、女性にオススメしたい本を教えてください。

「読んで感想を聞いてみたいのは舞城王太郎さんの作品で『好き好き大好き超愛してる。』です。これはSF恋愛モノなんですが、僕は舞城さんが好きでデビュー作から読んでいるんです。舞城さんの小説って文体のスピードがあって、圧倒的なリーダビリティがありますよね」

――一方、男性にオススメしたい本は？

「スノッブなもので『恋愛のディスクール・断章』（ロラン・バルト）はどうでしょうか。"哲学ってなんだか難しそう"と思っている人も多いですけど、僕はものすごくグッときました。哲学で難しい言葉や抽象的な概念を扱ってはいるけれど、単純にいうと"どうしたらもっと平穏に生きられるのか""なんで自分の恋は実らないのか"ということに題材を取っているものがいっぱいあるんです。あとは二村ヒトシさんの『すべてはモテるためである』という本。ラフな文体で、自分とどう向き合っていくかが書かれていて、僕も鬱屈とした10代を送ってきたのでそういう男子に読んでもらって感想を聞いてみたいです」

――そんな読書家の斉藤さんが人生で影響を受けた本というとどんなものになるのでしょうか。

「小さい頃、家に『ブリタニカ百科事典』があって。祖母のものだと思うんですけど、暇なときはずっとそれを読んでました。あとは、寝る前に母が読み聞かせをしてくれていて、それがすごく上手くて。ただ、親はすぐ寝てしまうので、自分で読もうとする。それが僕にとっては読書の原体験だと思ってます。小学校のときにいちばん読んでいたのは、『地獄堂霊界通信』シリーズですね。『ズッコケ三人組』のオカルト版のような作品ですが、とにかく大好きで。それから妖怪とか呪術が好きになりました（笑）」

――なるほど（笑）。ところで、本で知った"好きな言葉"はありますか。

「詩人の田村隆一さんが『わが酒の讃歌（うた）――文学・音楽・そしてワインの旅』の中で紹介

している言葉です。『我が思いにあやまち無くば、飲酒に五つの理由あり。／良酒あらば、飲むべし。／友来たらば、飲むべし。／咽喉、渇きたらば、飲むべし。／または、咽喉渇く恐れあらば、飲むべし。／あるいは、いかなる理由ありても、飲むべし。』というのがあって〝もうその通り！〟という感じです（笑）。この言葉がいいなと思うのはユーモアと節制があるところ。まぁ、これは田村さんという一級の酒飲みのお酒を呑むときのいい訳でもあるのですが…（笑）。色々な意味で大事にしたい言葉です」

——本から色んな知識だけでなく、振る舞いまでを吸収されているのがわかります。

「本当に本はずっと傍らにあったものという感じですね。だから今日の話のテーマはつくづくバランスなのかなと思うんですが、謙虚でいるという中で、本や映画でも舞台でも色んなものを吸収して、それを人に語りかけ、人の話を聞くというところに活かし、繋げたいなと思ってます。声優として一歩ずつ丁寧に、物語を届けていければいいなと思うので、末永く見守ってもらえれば幸いです（笑）」

本にまつわる100の質問

Q1 記憶に残っている中で、初めて読んだ本は？

曖昧ですが『はらぺこあおむし』が好きでした。

Q2 初めて自分のお小遣いで買った本は覚えていますか。

たぶんマンガか怪談の本だと思います。

Q3 人生で初めて好きになった作家と作品名は？

香月日輪さん『地獄堂霊界通信』。

Q4 初めて読んだ海外小説は？

教科書のどれかかな……すみません覚えていません。『ダレン・シャン』が好きでした。

Q5 国語の教科書に載っている作品でもっとも好きだったものは？

『スイミー』、『握手』、『Kの昇天──或はKの溺死』。

Q6 読書感想文に選んだことのある本は？

まったく覚えていません、すみません。

Q7 青春時代において、斉藤さんにもっとも大きな影響を与えた小説作品は？

福永武彦さん『草の花』。

Q8 愛用している（していた）辞典や辞書はありますか。

実家にあるブリタニカの百科事典をよく読んでいました。

Q9 学生時代に使っていた参考書で、受験生にオススメなシリーズはありますか。

受験に使えるかはわかりませんが、国語の便覧と世界史の図説をよく読んでいました。

Q10 人からもらった、あるいは借りた本でいまも大事にしているものは？

『筒井康隆全集』。

Q11 文体がもっとも好きだと感じる作家は？

舞城王太郎さん、安岡章太郎さん、福永武彦さん、レイモンド・カーヴァー。

Q12 「春」を感じる本を一冊教えてください。

早瀬耕さん『グリフォンズ・ガーデン』。

Q13 「夏」を感じる本を一冊教えてください。

古川日出男さん『サマーバケーションＥＰ』。

Q14 「秋」を感じる本を一冊教えてください。

恒川光太郎さん『秋の牢獄』。

Q15 「冬」を感じる本を一冊教えてください。

堀江敏幸さん『雪沼とその周辺』。

Q16 もっとも泣いた作品は？

いくつかありますが秘密です。

Q17 もっとも笑った作品は？

筒井康隆さん『関節話法』。

Q18 もっとも怖かった作品は？

筒井康隆さん『懲戒の部屋』。

Q19 読むと旅がしたくなる一冊は？

村上春樹さん『もし僕らのことばがウィスキーであったなら』。

Q20 海で読みたい一冊は？

Ｈ・Ｐ・ラヴクラフト作品。

Q21 山で読みたい一冊は？

柳田國男『遠野物語』。

Q22 雨の日だからこそ読みたい一冊は？

森見登美彦さん『きつねのはなし』。

Q23 読むと食欲がわいてくる一冊は？

香月日輪さん『妖怪アパートの幽雅な日常』。

Q24 無人島に一冊だけ持っていくなら？

無地のノート（とペン）。

Q25
本を読むのが苦手な人に、あえて薦める一冊は？
宮部みゆきさん『ステップファザー・ステップ』。

Q26
人生の最期に読みたい一冊は？
決めずに生きていきたいです。

Q27
いつか読んでみたいけど、いまはあえて読んでいないシリーズや作家はありますか？
ダンテ『神曲』。

Q28
最後まで読んではみたものの、ほとんど理解できなかったという作品はありますか。
たくさんあります。哲学書とか。

Q29
これまでに読んだ本で、いまに至るまで読後ずっとモヤモヤしている作品はありますか。
あまり読後モヤモヤすることがないかもしれません。

Q30
読破するのにもっとも時間がかかった本を教えてください。
ガルシア・マルケス『百年の孤独』。

Q31
人生でもっとも繰り返し読んでいる本は？
中島らもさん『水に似た感情』。

Q32
複数回読んだ本で、最初に読んだときといまで印象が違うと感じた作品は？
中島らもさん『水に似た感情』。

Q33
いま、アニメ化、実写化してほしい小説ナンバー1は？
マイクル・コーニイ『ハローサマー、グッドバイ』、青崎有吾さん『アンデッドガール・マーダーファルス』。

Q34
映像化した作品を観て、原作を手に取った本はありますか。
恩田陸さん『六番目の小夜子』。

Q35
2018年に読んだ本で、特にオススメの本は？
恒川光太郎さん『金色機械』。

Q36
いま、カバンの中に入っている（読み進めている）本を教えてください。
田村隆一さん『腐敗性物質』、『自伝から始まる70章——大切なことはすべて酒場から学んだ』。

Q37
青空文庫でサラリと読めるオススメの短編を教えてください。
太宰治『ダス・ゲマイネ』、梶井基次郎『檸檬』。

Q38
全刊行作品をコンプリートしている作家さんはいますか。
舞城王太郎さんはほぼ読んでいると思います。

Q39
もっとも好きな「タイトル」の本は？
選べませんが、あえてひとつ挙げるなら『1973年のピンボール』。

Q40
新人もしくは、若手作家で注目している作家さんは？
町屋良平さん、アレハンドロ・サンブラ。

Q41
好きなシリーズ作品はありますか。
佐藤友哉さんの『鏡家サーガ』シリーズ。

Q42
忘れられない作中の名文句、名セリフを教えてください。
ポール・オースター『ムーン・パレス』の、「それは人類がはじめて月を歩いた夏だった。」、ポール・ニザン『アデン、アラビア』の、「ぼくは二十歳だった。それがひとの一生でいちばん美しい年齢だなどとだれにも言わせまい。」、舞城王太郎さん『好き好き大好き超愛してる。』の、「愛は祈りだ。僕は祈る。」。

Q43
好きな翻訳者を教えてください。
柴田元幸さん、岸本佐知子さん、浅羽莢子さん。

Q44
もっとも装丁が好きな本は？
池澤夏樹さん編集の『世界文学全集』。

Q45
よく読む雑誌はありますか。
『POPEYE』『men's FUDGE』『Casa BRUTUS』。

Q46
可能なら手に入れてみたい稀少本、稀書などはありますか。
稀書の類にいまとても興味があるので、深く調べてみたいです。

Q47
（存命でなくても）会ってみたい作家は？
レイモンド・カーヴァー、田村隆一さん。

Q48
作品内の登場キャラクターで、特に憧れる男性人物は？
『煙か土か食い物』の奈津川四郎。

Q49
小説内に登場する人物で、特に感情移入したキャラクターは？
あまりキャラクター的な観点で本を読みません。

Q50
作品内の登場キャラで、特に好きになったヒロインは？
小説ではあまりいませんが、『涼宮ハルヒの憂鬱』シリーズの佐々木。

Q51 作品内に登場する人間以外（動物、機械ｅｔｃ）の生命で好きになったキャラは？

梨木香歩さん『家守綺譚』のサルスベリ。

Q52 作品の舞台で行ってみたい場所は？

宮沢賢治作品におけるプハラ、恒川光太郎さん作品の夜市。

Q53 人の家の本棚にこれがあると、友達になれそうと思う作品や作家は？

人の本棚って気になっちゃいますよね。

Q54 「これなら一晩中でも語れる」という作品はありますか。

筒井康隆さん、中島らもさん、舞城王太郎さん全般。

Q55 声優として、ぜひ演じてみたいキャラクターは？

『地獄堂霊界通信』シリーズの椎名裕介。

Q56 声優として朗読してもっとも楽しい、あるいは読みがいのある作品や作家は？

朗読でいえば太宰治。

Q57 文章の書き手として、尊敬したり目標とする作家さんは？

安岡章太郎さん、村上春樹さん、中島らもさん。

Q58 最初にハマったマンガ作品やマンガ家は？

『百鬼夜行抄』、『ジャングルはいつもハレのちグゥ』、『神風怪盗ジャンヌ』。

Q59 青春時代に大きな影響を与えたマンガ作品は？

『蟲師』。

Q60 少年マンガの忘れられないシーンを教えてください。

『ＯＮＥ　ＰＩＥＣＥ』でサンジがゼフに泣きながら感謝を述べるシーン、『鋼の錬金術師』でヒューズが亡くなる一連のシーン。

Q61 青年マンガで人に薦めたことのある作品は？

たくさんありますが最近だと『ドロヘドロ』、『亜獣譚』、ｐａｎｐａｎｙａさんの作品。

Q62 少女マンガで感動した作品は？

『トーマの心臓』、『ちはやふる』、『ぼくの地球を守って』。

Q63 絵柄や画風が特に好きなマンガ家は？

漆原友紀さん、高野文子さん。

Q64 好きなマンガに共通点はありますか。

すこし・ふしぎ。

Q65 これまでもっとも繰り返し読んでいるマンガ作品は？

『ＳＬＡＭ　ＤＵＮＫ』、『鋼の錬金術師』。

Q66 ２０１８年に読んでもっとも面白かったマンガ作品は？

『スピリットサークル』、『戦国妖狐』、『それでも町は廻っている』。

Q67 現在連載中の未完作品で、オススメしたい一冊は？

相田裕さん『１５１８！イチゴーイチハチ！』。

Q68 いま、アニメ化、実写化してほしいマンガナンバー１は？

山口つばささんの『ブルーピリオド』。

Q69 読書好きになったきっかけはありますか。

小さい頃に親が読み聞かせをしてくれたこと。

Q70 一ヵ月の平均読了冊数は？

月によってかなり差があります。まったく読まないこともあります。

Q71 これだけは読まないという苦手なジャンルはありますか。

ありません。

Q72 一度読んだ本を読み返すことは多いほうですか。またどんなときに読み返しますか。

多いですね。本棚を眺めていてふと目に留まったときでしょうか。

Q73 一日のうち、どんなときに主に読書をしますか。

夜、自宅にいるとき。

Q74 音楽を聴きながら、読書をしますか。どんな音楽、どんな本に相性の良さを感じますか。

するときもあります。静かな本のときはエリック・サティ、ドビュッシーを聴きながら読むのが好きです。

Q75 部屋の中で、お気に入りの読書スペースは？

リビングのソファ、お風呂。

本にまつわる100の質問

Q76
本屋さんで本を購入した際のブックカバーは付けるほうですか。
付けません。

Q77
栞紐（ブックマーク）のある本とない本のどちらが好みですか。
あると嬉しいですね！

Q78
読書のお供はありますか。
むしろ何もないほうがいいですね。

Q79
本を読むときの癖はありますか。
途中で思いたって別の本を読み始めること。

Q80
好きな古本屋街はありますか。
神保町にはロマンがありますね。

Q81
表紙買いやタイトル買いはするほうですか。
します。かなりします。

Q82
声優で本好きの友達はいますか。
よく本の話をするのは木村良平さん、梅原裕一郎くんです。

Q83
本屋さんで手に取り「これは面白そうだ」と思うポイントは？
タイトル、装丁、書き出し。

Q84
あとがきから本を読むことはありますか。
あまりありません。わりと頭から読むほうです。

Q85
本の帯は取っておきますか、捨ててしまいますか。
取っておきたいのですが、気付いたらなくなっています。

Q86
紙派ですか。電子書籍派ですか。
どちらも使います。読むものの内容によりますね。

Q87
一日の理想の読書時間と現実の読書時間は？
理想はありませんが、読めるときと読めないときの差が激しいと思います。

Q88
現在の蔵書数は？
わかりません。実家にも大量にあります。書斎だけの家がほしいです。

Q89
本を巡る悩みを教えてください。
置いておくスペースが足りないこと。

Q90
本棚はきっちりと整理するほうですか。また並べ方や整理方法にこだわりはありますか。
本当は整理したいですがわりとバラバラです。読む用の本棚と眺める用の本棚がほしいです。

Q91
購入したものの、長らく放置されている「積ん読」本はありますか。
ものすごくたくさんあります。自宅だけでも50冊くらいあると思います。

Q92
読み終わってもう読まない本は売り払いますか。それとも取っておくタイプですか。
可能な限り手放さないです。

Q93
複数の本を同時に読み進めますか。それとも一冊ずつ読むタイプですか。
同時に読むことが多いですが、熱中すると一気に一冊読み切ってしまいます。

Q94
お気に入りのブックカバーや栞はありますか。
ブックカバーも栞もあまり使わないですね。本そのものの手触りが好きです。

Q95
文章量において、ショートショート、短編、中編、長編ではどれが好きというのはありますか。
どれが好きというのはありませんが、短編集を読むことが多いです。

Q96
速読派？　それとも精読派？
それなりに速く読むこともできますが、じっくり読みたい派です。

Q97
特に毎年チェックしている文学賞はありますか。
特にはありませんが、芥川賞のレビューは読んでいて面白いですよね。

Q98
本を買う際、他人のレビューや感想などはどこまで参考にしますか。
あまり参考にしません。

Q99
声優として、読書経験が役立っていると感じるのはどんなときですか。
複雑な文章構造のセリフでも、意味が汲み取れることもあります（もちろん、適切な芝居が出せるかは別問題ですが）。

Q100
これから開拓、挑戦していきたい本のジャンルはありますか。
自分で書いてみたいと思うのは、紀行文、旅をテーマにした文章です。

この度は『本にまつわるエトセトラ』を
お手に取ってくださいまして、
ありがとうございます。

本が好きだと方々で言っていたら、
「本にまつわるあれこれを語ってみませんか?」と
お話をいただいたことから、連載がスタートしました。

水族館や美術館、図書館など、毎回素敵なロケーションで撮影を
していただきましたが、そのどれもが印象的で、楽しい連載でした。

マニアックなものから読みやすいものまで、
「本」というくくりでざっくばらんに語りましたが、
楽しんでいただけておりましたら幸いです。

好きなものについて熱く語るというのは、
すこし気恥ずかしさもありますが、
今回こうして素敵な機会をいただけましたこと、
本当に嬉しく思っています。

改めまして、最後までお読みいただき、
本当にありがとうございました！

斉藤壮馬　さいとう そうま

声優、アーティスト。4月22日生まれ、山梨県出身。主な出演作品に『ガイコツ書店員本田さん』(本田さん)、『ピアノの森』(一ノ瀬 海)、『Infini-T Force』(キャシャーン／東 鉄也)、『残響のテロル』(ツエルブ／久見冬二)、『SSSS.GRIDMAN』(内海将)。第9回声優アワードにて新人男優賞を受賞。17年には、シングル「フィッシュストーリー」でアーティストデビュー。18年には1stアルバム「quantum stranger」をリリース。

STAFF

写真	小嶋淑子
スタイリング	特別編、第3、4回　鍛冶古翔三(Yolken)
	第1、2、5回、番外編　九(Yolken)
	第6回　加藤あさみ(Yolken)
ヘア&メイク	特別編、第2、5回　紀本静香(e-mu)
	第1、3回　氏川千尋
	第4回　時田ユースケ(ECLAT)
	番外編　横山雷志郎(Yolken)
インタビュー	岡本大介
校閲	豊福実和子
デザイン	谷口智子
編集	小林千香　河内文博
	高関聖子　大原義昭(UNCHAIN)
	中村陽子(FUTABASHA)
マネジメント	平澤宏和(81プロデュース)
Special thanks	竹内一希　松本慎太郎(Tyrrell)

衣装クレジット
p2-19 BJ CLASSIC ¥32000(オプティカルテーラー クレイドル青山店)

撮影協力
すみだ水族館／かもめブックス／ギンレイホール／jardin nostalgique／双葉社／川崎市岡本太郎美術館／武蔵野市フィルムコミッション／武蔵野市立 ひと・まち・情報　創造館　武蔵野プレイス

※本書に掲載されているブランド名、クレジット等は2018年12月時点のものです。お問い合わせいただく時期によっては、情報の変更や、商品の取り扱いが終了している場合がありますのでご了承ください。

SOMA SAITO

本にまつわる
エトセトラ
PHOTO BOOK

SOMA SAITO
本《ほん》にまつわるエトセトラ PHOTO BOOK

2019年1月27日第1刷発行
2019年1月28日第2刷発行

著者　斉藤壮馬《さいとうそうま》
発行人　島野浩二

発行所 発行　株式会社双葉社
〒162-8540 東京都新宿区東五軒町3番28号
[電話] 03-5261-4818(営業)　03-5261-4868(編集)

http://www.futabasha.co.jp/(双葉社の書籍・コミック・ムックが買えます)

印刷所・製本所　大日本印刷株式会社

ISBN978-4-575-31422-9 C0076